文化玉溪 元江

太阳城 花果 元 罗槃国

总顾问／张祖林
总策划／罗应光 饶南湖
主编／杨兴荣 杨洋
执行主编／普洪光
本卷主编／谭江

云南出版集团
云南人民出版社

文化玉溪

YUANJIANG

THE CULTURAL ASPECTS OF YUXI

元江

图书在版编目（CIP）数据

文化玉溪．元江／谭江主编．-- 昆明：云南人民出版社，2015.10

ISBN 978-7-222-13083-8

Ⅰ．①文… Ⅱ．①谭… Ⅲ．①文化史－元江县 Ⅳ．①K297.43

中国版本图书馆 CIP 数据核字 (2015) 第 086931 号

YUANJIANG
THE CULTURAL ASPECTS
OF YUXI

创意策划： 云南出版集团公司产业发展部

出 品 人： 刘大伟

责任编辑： 文艺蓓　苏映华

设计总监： 袁亚雄

装帧设计： 云南非鳥文化傳播有限公司

责任校对： 陈春梅

责任印制： 洪中丽

【文化玉溪·元江】

主编： 谭　江

出版： 云南出版集团　云南人民出版社　// **发行：** 云南人民出版社

社址： 昆明市环城西路 609 号　// **邮编：** 650034

网址： http：//ynpress.yunshow.com　// **E-mail：** ynrms@sina.com

开本： 787mm×1092mm　1/16　// **印张：** 17.25　// **字数：** 110 千

版次： 2015 年 10 月第 1 版第 1 次印刷　// **印刷：** 玉溪玉报印务有限责任公司

书号： ISBN　978-7-222-13083-8　// **定价：** 59 .00 元

总序

聂耳故乡、生命摇篮——玉溪，是一座风光秀美、地灵人杰、文化独特的城市。

玉溪位于彩云之南、滇中腹地。东南与红河州相连，西北与楚雄州接壤，西南与普洱市交界，北部与昆明市为邻。昆（明）曼（谷）高速公路和泛亚铁路，像两条长长的游龙在玉溪的山水间穿越，市内四通八达的交通网络像经脉一样，连接着自然与人类、地域与认知、景色与情感，使玉溪成为通往东南亚、南亚的重要交通枢纽。玉溪独特的区位，波状起伏的高原地貌，立体温润的气候，像一双无形的手，把巍峨连绵的群山、逶迤清澈的溪流、毗连成群的湖泊安放在1.5万平方千米的大地上，成就了一幅气势磅礴、美丽绝伦的山水画卷。千百年来，勤劳智慧的玉溪人民，在“画”中播种着希望，收获着幸福，创造着多姿多彩的地域文化。这些文化星罗棋布，在这块神奇的土地上大放异彩，于是玉溪的山有了血脉，水有了情怀，人敢于担当，文化有了个性。

玉溪的山有血脉。5.3亿年前的古生物化石，是“生命的开始之地”、世界级自然遗产——澄江帽天山的血脉；以牛虎铜案为代表的青铜文化，是古滇国的核心区、国家级文物保护单位——江川李家山的血脉；记录古今文人墨客足迹、抒发政治家豪情、充满人生哲理的匾联文化，是秀甲南滇的通海秀山的血脉；在密林深处延伸着青春梦想的茶马古道、元江哈尼人雕刻在云里雾里的那诺梯田，用婀娜多姿的舞蹈和华美的服饰再现着古滇王国辉煌的花腰傣民俗文化，是新平戛洒自西北向东南一泻千里的哀牢山的血脉。山有了血脉，就有了生命、有了魅力！

玉溪的水有情怀。高远、包容、厚重是玉溪水的情怀。玉溪是一座潭泉、湖泊拥抱着的城市。这里溪流纵横、蜿蜒前行，滋润着万顷田畴，最后汇成南盘江和元江而奔向远方的大海；这里湖泊成群，抚仙湖、星云湖、杞麓湖和东风水库、飞井海、碧湖、玉湖等自然之湖和人工之湖像明珠一样在滇中大地闪烁着耀眼的光华。以清澈（Ⅰ类水质）、深邃、厚重、美丽为特质的抚仙湖蓄水量就有206.2亿立方米，占全国淡水湖泊的近1/10、占云南省九大高原湖泊的67%，是滇池的12倍、洱海的6倍。而且抚仙湖千百年来还守护着一个在地平面消失了的古城秘密，中央电视台两次水下探秘，也未能揭开水下古城神秘的面纱。玉溪水的特质，是玉溪人所具有的高远、包容、厚重精神的自然呈现。

玉溪的人敢担当。千百年来，在风云际会的历史舞台上，活跃着玉溪籍风流人物的身影。“军政双全”的三国蜀臣李恢、直言敢谏的明代言官王元翰、一生忠义的明朝大学士雷跃龙、政绩卓著的清代名臣赵士麟等，他们凭着一腔热情和担当名垂史册。禁烟运动的思想先驱朱嶟，冒着被贬的风险举荐林则徐，成就了虎门销烟的壮举。辛亥革命的枪炮声中打出的罗佩金、李鸿祥、谢汝翼、郑开文等玉溪籍将军群，在“重九起义”、援川、西征等战斗中建立功勋。在最危险的时候，聂耳谱写出时代最强音《义勇军进行曲》的旋律，发出中华民族最后的吼声。“滇军完人”唐淮源在中条山战役中率领将士抒写抗战史上最悲壮的一页。他们的民族气节惊天地、泣鬼神，他们的精神激励着一代又一代中华儿女，冒着敌人的炮火前进！还有落笔惊风雨的草书大家阚祯兆、钩摹勒石撰法帖的书画大家周於礼、文化交流的友好使者纳忠和纳训、主持翻译出版《资本论》的郑易里、缔造白药传奇的曲焕章，他们用知识和智慧造福人类，用心血和创造抒写灿烂人生。今天的玉溪人，血管里涌动着先辈的血液，正以敢为天下先的精神奋力前行，创造了“红塔山”奇迹，使玉溪戴上了“中国十佳休闲宜居生态城市”“国家园林城市”“国家卫生城市”“十佳和谐发展城市”“中国特色魅力城市”等桂冠，玉溪近十年就为国家和云南省上缴税收两千多亿元。

玉溪的文化有个性。玉溪是美丽中国版图中的一个部分，玉溪文化是中华文化这个母体中孕育发展的区域文化。长期以来，玉溪文化在传承本土文化中发展、在吸纳中原文化和其他文化中创新，自然与中华文化血肉相连，承载着中华文化的基因，呈现着多元文化的特质。但由于地理环境、历史人文、经济政治条件等方面的差异，玉溪文化在几千年历史文化积淀的基础上，也形成了自己的个性。玉溪的奇山秀水和万顷田畴就是这种文化个性形成的自然基础，像星星一样闪烁着光华的文物古迹就是这种文化个性的历史结晶，多姿多彩的民族风情就是这种文化个性的风俗再现，美丽的乡村、亮丽的城镇就是这种文化个性的时代见证。从微观看，玉溪文化的个性就是元江的它克崖画，就是玉溪人崴天下的花灯，就是玉溪窑烧出的一件件青花瓷器，就是世界上历时最长的节日——玉溪米线节。一句话，玉溪文化的个性就是千百年来玉溪人血液里流动着的敢为人先的精神气质！

玉溪文化的个性需要挖掘、需要审视、需要梳理、需要再现。“文化玉溪”丛书采用“1+9”的结构，即以一个综合卷为概览，综合介绍全市最精彩的文化现象。九个县区分卷，则分别介绍各县区的文化特色。“文化玉溪”丛书力图用历史的眼光，从文化的视角，对玉溪文化进行挖掘、梳理和审视，并用文化散文的形式，图文并茂地再现玉溪文化的精彩和个性。“文化玉溪”丛书的编辑出版，对于传承玉溪历史文明成果，促进玉溪文化繁荣，提升玉溪知名度，凝聚全市人民的智慧和力量，在实现中华民族伟大复兴中国梦的征程中，干在实处、走在前列，必将发挥重要的作用。

目录

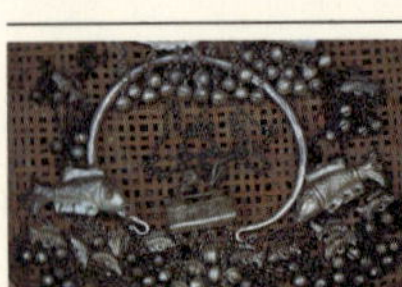

太阳厚爱的地方

在滚滚元江与叠翠哀牢之间，有一个中国境内最大的红河谷盆地，这里，河畔热带风光旖旎醉人，哀牢深处云海梯田神奇壮美……这就是红河谷中的太阳城——元江。

神奇的红河水系和壮美的哀牢山脉，禀赋了元江典型的干热河谷气候和得天独厚的自然资源，造就了元江特有的山水骨架和滨江生态之城。这里，山峦叠嶂，河流密布，植被繁茂，花果飘香，是山的世界、林的海洋。

在这片神奇的土地上，山之峻、水之灵与醇厚、浓郁的民族风情交融生辉、天人合一，共同构成了一幅风光秀丽、充满民族文化神韵的五彩画卷……

红河谷中太阳城

元江，一座具有典型的干热河谷气候、荡漾着沁溢芬芳的滨江生态城市，享有“天然温室”“红河谷中太阳城”之美誉，是冬季避寒休闲的理想胜地，生活在元江是一种健康的潮流……

生在元江，长在元江；听过元江，来过元江；奋斗在元江，旅行在元江；品尝元江，观察元江，享受元江……

喜欢元江的水果，喜欢元江空气中一年四季的花香，喜欢元江大汗淋漓的天然桑拿，还喜欢元江花枝招展的美女和元江市场上那熙熙攘攘的声音。

爱上元江的一街一景、一草一木、一花一果，甚至爱元江火辣辣的天气和元江人豪爽的脾气……红河谷中太阳城已经成为元江人生命中的一部分。

一、得天独厚的干热河谷气候

元江（红河）是一条流域宽广、穿越历史的国际河流，它穿过无量山和哀牢山脉，大江两岸的横断山脉深度切割的特殊地貌造就了地形封闭的红河谷，河道蜿蜒于峡谷之中，地处河谷中央的元江坝是红河谷中最大的一个平坝，元江县城宛如一颗晶莹剔透的钻石镶嵌在碧绿如翠的元江坝中。坝区海拔 383 米，年均气温 24.6℃，极端最高气温达 43.1℃，多年平均年降雨量为 800 毫米左右，蒸发量 2000 毫米以上，干湿指数远远低于南非的开普敦，是全省最大的干热河谷盆地。

元江是一个以河流为名的地方，以热著称。据有关资料显示，元江已经成为全国最热的地方，2012 年高温天数达 143 天，打破了 2008 年新疆吐鲁番曾创造的高温纪录 (122 天)；元江也是高温天气最早到来的地方，曾经最早在 1 月份出现过 35℃高温；2014 年 4 月中旬至 6 月初，元江出现连续高温天气，并且 40℃以上的高温天数达 32 天，极端最高气温达 43.1℃。因为热，古人就留下了"崇山四面锁孤城，城门隐隐江流热"的绝句。

与其他地方的热不同，元江的热，热得舒服，热得畅快。夏天，行走在元江，一阵阵热流扑面而来，但却是热而不闷，呼吸极为畅快，流汗却不潮湿，感觉全身的毛孔是张开

的，汗在毛孔中畅快流出，在背夹、心窝、额头上形成一股股“溪流”，身体内的废物随汗水排出，皮肤感到光滑无比，出了汗却感觉不到身上湿腻，出汗后的舒畅让人感觉到在元江享受了一场天然桑拿。冬天，行走在元江，丝毫感觉不到寒意，总是暖和和的，只要一件外衣，一个冬天就过去了，元江的整个冬天是充满阳光和温暖的。

因为典型的干热河谷气候，元江于1953年建设了国家基准气候站，为国家及全球提供干热河谷地区的气象资料；许多植物学、育种学专家也纷纷慕名而来。杂交水稻之父、中国工程院院士袁隆平曾在1969年冬到元江县进行加速繁殖不育材料试验；随后，袁隆平从云南引进野生稻在全国做水稻杂交试验并获得成功。由此可见，元江为我国杂交稻的成功育种做出了贡献，并载入了史册。为了研究干热河谷的植物，1964年植物学家蔡希陶到元江考察热带植物，从非洲加纳、马里等地引进种植牛油果、阿拉伯树胶，使这些来自地球另一端的植物在元江安家落户，为进一步做好干热河谷植物研究工作提供了难得的资料。

元江之所以令人向往，是因为除了奇特的干热河谷气候之外，这里还有一条具有热带稀树草原风光的河谷——红河谷。红河谷特殊的地理位置造就了一种称之为“火焰山”的风——焚风，一旦有焚风过境，气候将变得火热而干燥，就好像是干蒸桑拿一样。这种特殊的气候造就了红河谷美丽的热带稀树草原风光。

元江的红河谷是一条五彩斑斓的河谷：春天，它是一条开满鲜花的河谷，火红的木棉花、艳丽的凤凰花、洁白的茉莉花，迎风摇曳、婀娜多姿；夏天，它是一条绿意盎然的河谷，充沛的雨水滋润了肥沃的河谷盆地，万物在充足的阳光和雨水催生下迅速生长，“插根扁担会生根，插根筷子会发芽”，红河谷成为植物的殿堂；秋天，它是一条绚丽多彩的河谷，秋风把树叶染成了不同的颜色，红的、黄的、紫的，这里一丛，那里一簇，装点着整个河谷，仿佛是一幅绚丽多彩的油画；冬天，它是一条充满暖意的河谷，黄黄的草地上长着不同品种的稀疏灌木，落叶的灌木和长绿的各种树木和谐相处，是一幅金黄为底色的自然风景油画。红河谷温暖的气候孕育了一种美丽精灵，因为常年都有食物和寄主，元江坝一年四季蝴蝶飞舞，漫天飞舞的蝴蝶成为元江的一道风景线。目前元江已有多个蝴蝶养殖园，已经成为全省最大的蝴蝶繁殖基地，一年四季装点着七彩云南的蝶园。

为研究干热河谷植物类型，中国科学院西双版纳植物园在元江建立了国内第一个干热河谷生态观测站；为保护我国干热河谷最典型的河谷型萨瓦纳植被、较完整的山地常绿阔叶林和丰富的珍稀野生动植物资源，2012年经国务院批准，元江自然保护区晋升为国家级自然保护区。

二、荡漾着芬芳的滨江生态城市

“一山分四季，十里不同天”的特殊气候，为低海拔的元江坝送来了丰富的水源，元江永远是一个不缺水的城市。借助海拔高差大的自然优势，元江县在20世纪建设了许多高山水库群，走出了一条“山顶蓄水、山腰发电、山脚灌溉”的经济发展之路，被有关专家和省、市领导称为“元江之路”。全县共修建了40个大、小水库，建成大、小水电站25座，水利化程度达63.8%，元江县也因此步入了全国首批初级电气化县之列。进入21世纪，为了提高县城的饮用水质量，将羊岔街高山水库群的水引入县城，水库周围是数十千米无人居住的森林，良好的水资源环境为县城饮用水提供了切实保障，水源充足，水质优良。在元江，用一类水质洗澡和冲厕并不是一件奢侈的事。

站在元江县城周边的高山上，元江县城的美景一览无遗。元江、清水河、南溪河三条河流从不同方向流来，在元江坝汇合，形成“元”字结构。昔日元江县城取名元江时，是否基于此已经无从考证了，但三条河流在元江坝形成宏伟的山水骨架是全国、全省很少有的。这对于建设滨江生态城市、把元江建成全省最美的热区具有良好的自然基础。

元江县城种植着各种各样的花草树木，整个元江城一年四季荡漾着果味花香。县城每条街道两旁所种植的花草树木都各有不同、各具特色：有

种植凤凰花、三角梅的元红大道，种植榕树的文化路，种植菠萝蜜的向阳路、淇水路，种植橡皮树的天宝路，种植芒果的永胜街、兴隆街、香江路，种植清香木的同吉路，种植槟榔树、椰子树的兴元路，种植黄槐的平安路……还有百花盛开的太阳城广场。在田间地角，在房前屋后，在庭院中，在屋檐下，长满了花树、果树，或许不用特别的栽培，不同的植物总是会在适宜的地方不断地生长、繁育。艳丽的凤凰花、火红的攀枝花、金黄的黄槐花、清香的茉莉花……装点着太阳城的四季。即使是冬天，当其他地方已经是满目萧条的景象时，元江却仍然是绿意葱葱、鲜花遍地。在如此诗意盎然的元江，可以看着花开、闻着花香、尝着花味、听着花落、做着

太阳城之夜

花梦，悠然地生活。

进入初冬时节，金光菊在元江温暖的阳光下盛开了，这是一种可以用作绿肥的植物，在公路沿线一带，农民随便把它种在路边，既做绿肥又当作篱笆。花开了，绿叶伴着金黄的花扮靓公路两侧，一条金色的景观大道呈现在人们眼前。此时，总有人忍不住停下车，闻闻花香，过过眼瘾。

花开花落是极其自然的现象，但元江的紫荆花却开得壮丽、落得让人怜惜。元江的紫荆花是在元江最冷的时候盛开的，青绿色的叶子把紫红色的花儿衬托得格外艳丽，漫步在开满紫荆花的林荫小道上，心情格外爽朗。因为夜晚有风的

人山人海、热闹非凡的元江太阳城广场

原因，紫荆花瓣总是在夜晚纷纷落下。在风清月高的夜晚，在月光摇曳的路灯下看紫荆花瓣纷纷飘落下来，好像一场紫色的大雪，紫红的花瓣一层又一层地覆盖在地面上，就像在上面盖了一块紫红色的地毯。看着满地的鲜花，真的不忍睡去，因为，醒来，它将不在了！

攀枝花是红河谷中开得最早的花。当它的花蕾在枝头上一天天变大并最终绽放时，它用红如骄阳的鲜花提示人们：红河谷的春天来了！攀枝花盛开之后，过些日子，艳丽的花就会落下来。花多的时候，捡些攀枝花，去瓣，用花蕊做菜，吃得满嘴花香。花少的时候，拣朵最艳丽的，放在办公桌上，累了，看一眼，心里就荡漾着小小的快乐；或者放在床头柜前，伴着春天的气息入梦。

元江的茉莉花开得极早、极为茂盛。花开时节，花枝上层层叠叠地开满了洁白的花朵，全国第二、全省最大的茉莉花种植基地让清香飘满了整个县城。摘一朵在手心，那花香沁人心脾；或可采几朵，放入茶盒中，让茉莉与茶厮守一夜，第二天，一盒鲜香醇厚的茉莉花茶就功成名就了。泡上一壶，就可以慢慢品味茶和花曾经的故事。

未来，为了给炎热的县城带来水的清凉、给美丽的县城带来活力，将实施引水入城工程。利用县城附近的山箐建设一座一百多万立方米的水库，将清水河、南溪河的河水引入水库中澄清后，利用

自然的高差，引入县城；同时，利用县城中的自然涌泉，在县城附近建设湿地景观。结合城市绿化，建设具有哈尼梯田特色和江南特色的水景观，景观设计中融入哈尼族棕扇舞、彝族烟盒舞、傣族风情等元素，使整个县城景观具有鲜明的民族特色。除此之外，为了提高元江大河的清澈性，将在元江上游建设的桥头电站和下游建设的罗垤电站基础上，在小燕村附近建设一个大江拦水坝，通过拦水坝建设，形成约8千米长的水面。到那时，一座“城在水中，水在城中”的干热河谷生态滨江城市将呈现在世人面前，“把元江建设成为云南最美热区”的梦想就会变成现实。

三、太阳城中的健康生活潮流

爱一座城市，首先是因为喜欢这座城市的自然环境、生活环境或者是喜欢生活在这里的人。来到元江，最先让人喜欢上的是元江奇特的气候、飘香的水果、醉人的风景，慢慢地，更会喜欢上元江人的直率、豪爽、淳朴、阳光。

元江是一个富饶、美丽的宝地。很多人被“头顶香蕉、脚踩菠萝，跌倒还抓一把花生”的富饶生活和让人如痴如醉的优美环境吸引到了这里，并很快爱上这里，心甘情愿地在这里“开花”“生根”“发芽”。如今的元江城居住着许多口音各异的“元江人”。

元江是彩云之南水果飘香的太阳城。在这里，一年四季，瓜菜常青，作物一年三熟，物产极其丰富。清末元江直隶州名宦李令仪十分形象地描写出了元江坝的优越环境和富饶景象：“春韭秋逾茂，东瓜夏未稀。共言园圃暖，不见霜雪飞。”“早稻夏先熟，初秋又栽秧。耕耘与割获，农有四时忙。”“一山分四季，十里不同天”的立体气候孕育了不同季节的数百种野花野菜和水果，刺包菜、甜菜、臭菜、苦菜、

攀枝花、苦刺花、大白花、鹌鹑花、碎米花、棠梨花、芭蕉花、弯根、蕨菜等野菜和芒果、荔枝、龙眼、杨桃、木瓜、青枣、香蕉、酸角、甜橙、橘子、桃李、西瓜、菠萝蜜、火龙果、番荔枝、水果甘蔗等水果轮番上市。元江县城农贸市场每天飘荡着上千种野菜、水果的新鲜味道，元江丰富的食材足以唤醒人们舌尖上的味蕾。

元江是一个让人享受饕餮盛宴的美食城。丰富的食材加上独具民族特色的各种烹调方式，使元江饮食具有丰富而独特的美味。腊肉、火腿、乳猪、米干、麻脆、米花、笼粑、朵朵糕、羊奶菜、树头菜、弯根酸菜等美味是到过元江的人必尝的美味。同时，在元江鱼场的鳄鱼养殖园里，你可看到鳄鱼蛋、鳄鱼宝宝和成年鳄鱼，元江已经成为全省最大的鳄鱼养殖基地，拥有全国领先的鳄鱼养殖技术，可以在农家乐品尝鳄鱼美食；元江拥有全省最大的罗非鱼良种场和红尾鲤鱼养殖基地，可以吃到无污染而又鲜美的罗非鱼、红尾鲤鱼、淡水罗氏沼虾、土著木瓜鱼等美味水产品。这些美食饱含着离家游子情牵梦绕的浓浓乡愁，给元江的过客留下了深刻的印象。

美丽的元江坝

元江是一个休闲旅游和避寒养生的理想城市。随着时代的发展，人们的财富观念发生了深刻变化，“健康是最大财富”的新观念日益深入人心，追求健康已成为当今社会的一股时尚潮流。元江优质的空气、上等的水质、温暖的气候、生态的产品、便利的交通吸引了越来越多的外地人到元江居住、旅游。时下，元江已经成为玉溪、昆明人周末休闲娱乐的最佳目的地和冬季避寒、养老的首选。每到周末，酒店爆满，常出现“一床难求”的情况。所以，当呼吸新鲜空气成为一种奢求、吃一顿放心饭成为一种梦谈时，那就请来元江吧！

元江是一个全民喜爱运动的健美城市。因为元江具有较好的低海拔气候特征，空气中含氧丰富，可以为高原运动员进行赛前训练提供良好的环境，因此元江成为云南省低海拔训练基地。如今，全民健身运动已经成为市民自觉的一项运动，每天早晨和傍晚，太阳城广场成为元江民族音乐和健身运动交融汇合而形成的欢乐海洋。烟盒舞、棕扇舞、民族健身操，老的、少的、年轻的，男的、女的，都能在广场上找到适合的锻炼项目。漫步太阳城广场，就会知道“会走路就会跳舞、会说话就会唱歌”不是传说。

每当夜幕降临，人们自发聚集到太阳城广场开展自娱自乐的文娱活动

元江是一个四季荡漾着节日气息的欢乐城市。作为一个以哈尼族、彝族、傣族三个少数民族为主体的多民族和睦共处的民族自治县，元江县的自治条例规定哈尼十月年、彝族火把节、傣族花街节各放假3天，每年的自治县成立日放假1天，元江每年比其他地方要多放假10天，再加上金芒果节等节庆，元江可谓被节日包围。节日期间，吃水果、蒸天然桑拿、啃牛脚、游梯田、看美女、品花宴、闻花香、喝美酒、赏情歌，让你醉在元江不想走，让你想念每一次的元江之行，难忘与元江的那段邂逅。

元江是一个飘荡着醉人酒歌的快乐城市。在这个热闹、喧嚣、梦幻的城市，无酒不成席，无歌不成宴。在红河谷不夜天的夜晚，比酒还醉人的是酒歌，热烈、神奇的哈尼族、彝族、傣族酒歌让你觉得酒醉也是一种幸福。在某个休闲的夜晚，约上几个好友，听听元江本土歌手创作的《快乐哈尼》《美丽元江等你来》《走进元江》《醉美元江》《红河之子》等歌曲，光着膀子，痛饮美酒，在大汗淋漓中体验超级天然桑拿，释放着元江人特有的家乡情怀，这是一个何等快乐、惬意的城市！

生活在这样一个环境优美、气候独特、民风淳朴、物产丰富、充满欢乐、健康向上、朝气蓬勃的城市里，元江人倍感惬意，有时还会有些得意！因为他们每一天都过得很充实、很快乐。居住在太阳城里的元江人，生活充满着浪漫色彩和诗情画意：他们喜欢每天都去江边漫步，喜欢听着江水奔流的声音，看着九曲十八弯的壮观和红色的彩带散落在翠绿群山间的艳丽；喜欢江对面具有非洲风情的热带稀树草原风光，喜欢冬天江边大片的芦苇和蒲棒；喜欢去澧江大桥纳凉，喜欢漫步在绿荫如林的大道上，喜欢在挂满菠萝蜜、芒果的街上行走；还喜欢紫荆花飘落的夜晚在花香中的一夜无眠，梦想着在这座一年四季开满了鲜花、荡漾着果香的城市里和爱的人一起慢慢变老……

留在元江，可以尽情地享受着阳光和温暖，过着简单又快乐的生活。

长虹卧波生妙景

元江奔流，凤凰花开，奔腾的河水点燃了元江人的激情；岁月流逝，时代变迁，江上不同类型、不同年代的桥记录着元江的变化，联结着元江的古今时空，承载着元江曾经的辉煌。一座大桥一道景，一道风景一首诗，一座座桥书写着一页页历史……

元江，红河谷中的母亲河，从苍山洱海走来，不知流淌了几千年，她总是无怨无悔、无声无息地哺育着太阳城的各族儿女。

有时，元江是那样的清澈，像傣家少女的明眸一样晶莹剔透，在深山幽谷中静静地流淌，好似长长的傣族织锦彩带在红河山涧飘逸。有时，元江又是那样的红，像哈尼汉子被太阳晒红的脸，红得十分特别，富有激情和豪迈；又像鲜红的大动脉在苍茫的红河谷山间跳动、奔流，流到哪儿，哪儿就会染成一片片绿洲。

元江长年在谷底奔流不息，穿越元江县城而过，因而元江大河上架起的桥梁就很多，仅十里长的县城附近就曾存在过六座桥（现存五座）。大江之上这些不同类型、不同年代的桥真实地记录着元江的变化，联结着元江的古今时空，承载着元江跨世纪的发展历史。

横跨元江的第一座混凝土公路桥——元江大桥

横跨元江的第一座桥是普济铁索桥，建于 1904 年，桥的结构很简单，在几根铁索上铺上木板，走上去摇摇晃晃的，但却是连接元江两岸的主要通道。普济铁索桥如今已经不复存在，唯一留下来的只有两岸用于固定桥的凹槽。普济铁索桥的消失源于战争：1950 年，在被称为“中国大陆最后一战”的元江阻击战中，遭到解放军穷追猛打的一支国民党残余部队逃过江后，因害怕解放军迅速过江而被追歼，就炸毁了铁索桥。桥虽毁了，但国民党部队仍难逃覆灭的命运，最终被解放军全部歼灭，“中国大陆最后一战”在元江胜利结束。

随着岁月的流逝，元江人对铁索桥的记忆渐渐淡去，但“中国大陆最后一战”的历史却永远留了下来。许多年后，电视剧《解放云南》就在铁索桥遗址拍摄，铁索桥和它的历史又被人们重新拾起来，就连刚刚记事的孩童也能流畅地讲述它的故事。

普济铁索桥被炸毁后不久，大江上的另一座桥又走进了元江的历史。20 世纪 50 年代昆洛公路修到了元江，元江吊桥应时而生。元江吊桥是斜拉式钢架大桥，桥面铺设木板，古老而有气势，是在苏联的援助下修建的，它在援越抗美中发挥了重要作用。令人遗憾和惋惜的是，因年久失修成为危桥，这座曾在昆洛公路桥梁史上占有重要位置、为元江乃至全国经济建设做出过重大贡献的吊桥于2006年被拆除了。人们只能从残留在两岸的桥墩中遥想当年彩虹般美丽的吊桥身姿，从潺潺流淌的河水声中倾听吊桥的故事……

在离元江吊桥一百多米远的江面上有一座钢筋混凝土桥，叫元江大桥，它是横跨元江的第一座水泥公路桥，建于20世纪60年代。元江大桥给人的感觉很普通，没有护栏，没有装饰，但有一个很特别的附属建筑设施——那就是桥的两边各建有一个岗亭碉堡，是当年用来守卫大桥的，具有很强的时代特色。这座大桥曾经历过一次非常严峻的考验——1979年元江发大水，元江大桥被洪水淹没，但没有被冲垮，洪水过后，大桥风采依旧。

20世纪90年代，因国道213线改道，又在元江大桥下游方向约三千米处架起了一座钢筋混凝土平桥，取名为金江大桥。当车辆在金江大桥上飞驰而过时，只能看到元江如一条黄色的带子从眼前流过，对桥没有任何印象，也感受不到大桥的风采。可站在桥上，看着奔腾的江水在脚下咆哮而过，感受汽车通过时迎面而来的阵阵热风时，对金江大桥的理解就不同了，就会有一种凌空行走、威风凛凛的感觉。

其实，对于元江城里的老百姓来说，修建于20世纪80年代的澧江大桥才是属于他们自己的桥。因为连接元江东西两岸、长达四百多米的澧江大桥，把本来分开的元江县城连成了一个整体，也把两岸老百姓的生活连在了一起。每当夜幕降临，月色朦胧，伫立桥上，依肩凭栏，环眺四方，看不清四周的景物，只能模模糊糊望见青山的轮廓，还有河堤两岸百姓家的灯火、桥上的灯光和水中的光影连成一片星星点点，星影朦胧。倘若在夏天，此时正是附近居民消夏纳凉的好时景，沐浴着习习江风，坐在凉丝丝的顺桥栏铺设的水管上，和街坊邻居拉拉家常、聊聊天，一天的酷热就会飘散在言谈间。而对于初到元江的游客来说，这种乘凉的场面就是一道美丽的风景。桥下的江水哗哗流淌，夜空显得更加静谧、灵秀而韵致。顺江而上的微风徐徐吹来，河水腥味、芦苇草香、河滩浆泥气息，几种混杂的气味被微风轻轻柔柔地送过来，弥漫了桥上桥下、河东河西。桥的东头，依稀可看见一座高约20米的雄鹰雕塑，在月

三桥并立呈美景

空中展翅飞翔，象征着元江经济的腾飞。

在元江几座各有特点的桥梁中，最令元江人自豪的就是红河大桥了，被誉为昆明至曼谷国际大通道上的第一景观。红河大桥建于1999年，是一座连续钢构桥，全长801米，桥面距江面高度达163米，最高的主墩高123.5米，被认定为同类桥梁中的世界第一高桥。

元磨高速公路像一条巨龙飞跨在滇西南绵延的群山中，红河大桥正是这条巨龙的咽喉，横跨在元江V形大峡谷两岸的山上。站在桥上眺望，元江热坝尽收眼底，风光旖旎，美不胜收。

高桥耸立在红河谷中的凤凰大峡谷中间，在周围山坡、田野、河流、沙滩地貌的陪衬下，显得美丽壮观、英姿飒爽、风度翩翩。鸟瞰红河大桥，又如一位高挑貌美的女子裸着身体在红河水中洗浴，无论你从哪个角度欣赏她，都会有一种艺术和美的享受。

驻足观桥，不同的视角、不同的距离，看到的景致都不一样：远距离看，天山中断元江开，山如烟，江如链，桥如带；中距离看，两山伟岸如哈尼壮汉，江水柔情如傣家姑娘，大桥亲切如恋人相牵的臂膀；近距离看，桥面宽阔豁达，桥墩雄健高耸，青山苍里含黛，元江流激浪红。整座大桥最壮美的部分，就数那四对双柱相连、擎天柱般高不可攀的巨大桥墩了。这个高度，其设计构图之大胆、内蕴科技之含量、施工操作之难度、工程成品之壮观，真可谓险哉、奇哉、雄哉、壮哉、美哉！

文化，是一个城市发展的精神魂魄；旅游，是一个城市由文化繁荣向经济繁荣的现实桥梁。居住在红河谷的人们，凭借“世界第一高桥”的名号，建起了

雄跨元江的世界第一高桥——红河大桥

"世界高桥风景区"。风景区占地500亩，除现代高科技建筑"世界第一高桥"外，景区的历史文化内涵也比较丰富：因明朝末代皇帝曾驻跸而得名的大明寺已建在景区内；著名的"中国大陆最后一战"战壕遗址就在景区内；景区内还经常组织开展具有本地少数民族特色的民族文化活动。游客纷纷慕名而至，来领略红河大桥雄伟、壮丽的风采。景区内有一处观景台，站上去，环视四方，可赏"八桥一景"的美景：八桥俏丽无比，各显丰韵，动人丽质，让人无限遐想。

红河大桥两岸漫山都是凤凰木，凤凰花绽放时，花芯冲破束缚，绽开绒绢似的花瓣，一朵朵、一簇簇朝阳怒放，色

❶ 建于20世纪50年代的元江吊桥

❷ 修建于20世纪80年代的澧江大桥

彩鲜艳，彤红如火；花瓣点缀着零星的白色斑纹，显得袅娜斑斓，如凤展翅；花蕊纤巧，似凰昂首，鸟冠高扬，天气越热，花也越开越艳。极目四望，满山红艳艳、红彤彤，似彩霞，似火焰，团团簇簇，红红火火，煞是好看。满山红、映山红，不见得能呈现出这样惬意的景色。想必走遍华夏大地，也唯有来到此处才可以享受这种无与伦比的红红火火的景观！

遥想当初逃往缅甸、路经元江红河谷的明朝永历皇帝（朱由榔），如果他的魂灵驾临此地，是否还能辨认出他曾经到访过的地方？肯定不能。如今，就连与共和国一起成长的人们，都在感叹红河谷六十多年的万般变化，何况是已远离我们三百多年的永历帝呢！

高桥一旁的山坡上遗留着一些战壕，虽经风雨的洗刷，但依然清晰可见，它们是“中国大陆最后一战”的见证。逝去的英烈、前辈们，回想当年，解放战争中你们是何等的骁勇善战，拼命厮杀，最后夺取革命胜利。生活在红河谷这片土地的人们不会忘记你们的丰功伟绩，必定继承你们的优良传统，创建美好的家园，与中国各族同胞一同努力，创造更多的世界第一，红河谷的将来会更加红红火火。

元江奔流，凤凰花开，奔腾而去的红河水点燃了元江人的激情；百花争妍，瓜果飘香，火热的太阳燃起了元江这片土地的热情。岁月流逝，时代变迁，大桥造得一座比一座精美大气，生活过得一代更比一代幸福甜蜜。或许，这是反映人们向往美好生活的一种真实写照吧。

余晖已没，立于元江江畔，望向远方，古往今来，人事沉浮，唯有大桥悠悠，江风习习，一幢又一幢高楼华屋，翻写着一页又一页的历史……

天然桑拿无火炊

元江县境内的热泉、温泉较多，其中瓦纳沸泉是水流量最大、水温最高、最有特色、最具开发价值的一个热泉。沸泉水自石隙冒出，潺潺流入旁边的清水河，远远望去，整个山箐热气腾腾，迷雾缭绕，宛如仙境，蔚为壮观……

《徐霞客游记》中写道："余所见温泉，滇南最多。"而滇南的温泉，要数元江最多，共有大小温泉 18 处，其中流量较大的有 5 处。元江两岸山地多为石灰岩，故多孔隙、裂缝和溶洞，形成了江边的众多温泉，其中最有名的是温玉泉和瓦纳沸泉。

温玉泉位于距县城 5 千米的栖霞山麓，紧邻江边。泉水自岩缝涌出，水清如玉，无硫磺味，水量充足，水温在 45℃左右，温热适宜，四时可浴，古人赞誉"能洗沉疴，除秽浊"。清泉掬之可饮，沏茶色美味香，清代元江文人墨客游温玉泉时写下了"方塘沉碧玉，照穴泻温泉"的赞美诗句。

瓦纳沸泉在原 213 国道旁，距县城约 19 千米，夹在两座高耸的大山之间，依傍着清水河。此泉因其水温高而出名，最高水温达 94℃，当地人俗称"热水塘"，是云南乃至全世界温泉中水温最高的温泉之一。《云南温泉志补》中有这样的记载："瓦纳箐温泉，能去猪羊毛，并可煮鸡卵。其热度之高，固与澄江、石屏之热水塘、云龙茶停寺、鹤庆火焰山之温泉，以视邓川下山口温泉投腥蔬可熟、美利坚之南握乾蔬省温泉可炮熟肉物者，尚稍逊焉。"

瓦纳沸泉属于硫磺型温泉，出水量大的有两眼，距离不过百余米，但其流量和温度绝对不一样。底边的温泉流量小，温度低；上边的温泉出水量大，硫磺味浓，温度在90℃度以上，能在十分钟之内将鸡蛋、鸭蛋煮熟。底边的温泉形成天然澡堂，水温温的，泡进身子，舒服至极，无法用语言表达。上边的温泉在出水口附近还有一喷气孔，名"燕洞"，又叫"气泉"，热气自洞内腾腾而出，可进行"蒸疗"。洞仅容一人，蒸气中含有硫磺，可以治病疗养，胜过任何人工制造的桑拿浴。因温度很高，入洞蒸疗时间不宜过长。

瓦纳沸泉水呈弱碱性，兼有氟、钾、钠、镁等二十多种对人体有益的矿物质和微量元素。具有美容养颜、镇静催眠、放松精神、消炎止痛、减肥等功效，对心血管系统、关节炎症及神经、皮肤、消化等系统的疾病都有一定疗效，具有"有病治病，无病健身"的保健养身功能。"温泉水滑洗凝脂"，瓦纳沸泉胜过曾深得唐代杨贵妃宠爱的陕西临潼华清池。这里的温泉，十分清热，入水污垢即除，洗浴后皮肤油腻，浑身舒畅，气血通顺，心旷神怡。

元江人在很早以前便已经利用这里天然的地热能源，每逢佳节或周末，瓦纳沸泉游人如织，人们或煮蛋，或蒸饭，或煮菜，或泡澡，一片欢声笑语。

寒冷的冬天，仰望蓝天白云，浸融在热腾腾的水雾之中，暖意融融，温润玉肌，吹气如兰，笑音缈缈，那种温水抚摸肌肤的感觉，使得身上每个毛孔都幸福得翕张开来，那样的感觉实在令人心驰神往。

冬天到元江，瓦纳沸泉是一个很有特色的避寒休闲去处。清早，穿行在元江通往墨江的林间公路上，满眼苍翠，和风拂面，不

沸泉煮蛋

经意间，公路一侧的山箐里雾霭缥缥缈缈地升腾上来，像一层薄纱挂在山石、绿树间，空气里，浓浓的硫磺味悠悠地滑入鼻腔。沸泉水自石隙冒出地面，一眼望去热气腾腾，迷雾茫茫，蔚然壮观。泉水烫如汤，这里并没有我们所想象的温泉泡池，有的只是令我们倍感新奇的泉水泡脚。一张张桌椅摆放在河谷两侧的池子里，水很浅，刚好漫过小腿，滚烫的泉水来自河谷两岸嶙峋的怪石堆里，这是千万年地壳运动的奇观。

享受温泉煮出来的美食

到瓦纳沸泉休闲游玩，可选择一个无人开发的沸泉小水塘，独自把双脚泡在里面，体会着“秋林无静树，叶落鸟频惊。一夜疑风雨，不知山月生。松门开积翠，潭水入空明”的意境。微风吹来，送来阵阵花的芬芳，顷刻间，人便会融于如纱如缕的雾气中。透过轻薄的雾，两边山色，便成了一个个模糊的轮廓，仿佛就在云里雾里航行。浸泡一会儿，就会感觉双脚酥酥痒痒的，有点像电麻，有趣又舒服。泡着温泉，平日的压抑和压力全都会消融在美美的享受中，整个身心与大自然进行着零距离的沟通，隐约能够感触到夜色中整座山谷的呼吸、泉水的温暖、周围的静谧以及透过笔直的大树的空隙看到的明朗星光

❶ 天然泡脚池

❷ 热气腾腾的瓦纳沸泉

和月色。没有烦恼、没有时间，那一刻的舒适幸福可谓到达了梦想的境界、真正的天人合一！

滚热的泉水刺激着皮肤和神经，令人惬意无比。在半梦半醒之间享受半个来小时的沐浴、蒸疗后，放在热泉中的土鸡等食物也就煮熟了。此时，就可一边喝茶聊天，一边吃着温泉水烫的鸡肉、鸡蛋、毛豆、花生、土豆、玉米、嫩豌豆、火腿肠，还有凉拌韭菜、木瓜等。嘴里吃着东西，两眼观赏风景，旁边是高山流水，脚下是热气腾腾，仿佛来到了一个美丽的世外桃源。因为是恒温煮出来的，所以这里煮出来的鸡蛋、鸡肉等食品都很好吃，与平时在家煮吃的味道大不同，有种特别鲜嫩的感觉。

下午，温泉蒸气的水雾会渐渐浓起来，带着浓浓的硫磺味升腾在空中，袅袅的仿佛是人间仙境一般。瓦纳沸泉有山有水，有树有木，有花有草，还有腾腾的热气，绝对不会产生“有水无山亦难游，有山无水境不幽”的感觉。脚下泡着温泉，身边流淌着淙淙的河水，就着小米辣蘸水吃鸡蛋喝冰镇啤酒，让人感到快乐无比。

除了温泉出名外，这里的风景也秀美怡人，终年青山碧水，草木葱茏，溪水潺潺，形成硕大的天然“大氧吧”。

站在公路边看温泉，全身上下飘着洁白如玉的蒸气，栩栩然，飘飘然，若有仙女一般，影影绰绰，脉脉含情，凝眸不语，娟秀中透出几分羞怯。

作为离昆明最近的一个热区里的温泉，瓦纳沸泉的避寒休闲旅游价值在冬春时节得到了充分体现。这里可以充分的享受“天然桑拿”，品味“无火之炊”，这是大自然赐予元江人的恩惠。低碳、健康的生活方式催生了瓦纳沸泉的发展，通过招商引资，2012 年 12 月总投资 1.3 亿元的红河谷瓦纳沸泉旅游休闲度假村正式开工建设。不久的将来，元江瓦纳沸泉必将成为一个享誉省内外的旅游景点。

掉在热土地上的彩虹

很多人都见过石林，也听说过土林、沙林，但却很少有人知道膏林，彩色膏林更是闻所未闻。然而，在元江，就有这么一个奇景——彩色膏林，它色彩鲜艳、景致奇异，远远望去，一柱柱膏林就像是天上的彩虹折断后掉下来密密麻麻地插在地上，美轮美奂，奇妙无比。

在元江，有一处风景如画的奇峰异嶂——彩色膏林，那是尘世喧嚣中一片宁静的世外桃源。彩色膏林有黑、红、黄、紫、白、绿、蓝等多种颜色交织其中，形状各异，像柱子、像蘑菇、像狮子……翘首眺望，只要你有足够的想象力，眼前的彩色膏林就是鲜活的、灵动的。

彩色膏林位于元江县城西北 8 千米处的石膏箐内，由数条掌状分支沟谷组成，景区面积约 0.5 平方千米，平均海拔 500 米。千百年来，当地人只觉得好看，却并未特别加以留意，而是直观地将其称为“土林”。但近年来地质工作者们对其深入考察后发现，在这些千奇百状的峰林周围，都是富含石膏膏盐的岩层，峰体均发育于这些膏盐岩层。这些含有石膏膏盐的页岩、泥岩，经雨水沿垂直裂隙淋蚀形成峰丛，加之原岩物质成分的差异性，构成灰绿、灰紫、灰红、黄褐色等色调的彩色图案。柱体多为下粗上尖，且稍带浑圆，高 40 ~ 50 米。后经地质专家杨世瑜教授进一步考察后确认：元江彩色膏林与一般的土林、沙林、石林不同，因峰林物质含有膏盐，柱体表面多有一层喷膜状的保护膜，这使得峰林趋于稳定。根据膏林色彩及特殊物质组成，专家们将其定名为“元江彩色膏林”，并于 2002 年 1 月撰写了《俊秀绮丽的元江彩色膏林风景区》的考察报告。随后，中央电视台制作了“元江彩色膏林”专题片，并在中央电视台 10 频道《走近科学》栏目播出，使元江彩色膏林知名度大增。

据有关专家考证，这是迄今为止发现的世界上已见诸报道的唯一一处彩色膏林。专家们认为：元江彩色膏林是不可多得的珍稀地质资源，具有多方面的科学考察和研究价值；同时，它观赏性强，成景条件独特，景观独具特色，也是不可多得的高品位的珍贵旅游资源。元江彩色膏林自成一派，可与路南石林、元谋土林、陆良彩色沙林相媲美，相互映衬，

并称为云南“四大林”。

都说，彩色膏林的山峰流蜜，彩色膏林的景致奇异。到了元江，不去观赏一下彩色膏林，一定会把肠子都悔青的。

驱车去往彩色膏林景区，很快就可到达，因为路程近、路也好走。来到景区附近，远远望去，就会看到彩色膏林随沟势忽高忽低、忽左忽右、忽隐忽现地跃入眼帘。当进入到石膏箐的沟口处时，可见到众多的彩色土柱、峰林分布于交错的沟壑中。在缓斜的沟谷两侧耸立着形态各异的柱体，较大的膏柱顶部有草丛或大石成为其“帽子”，少数膏柱则无帽。柱体表面覆盖有一层两三厘米厚的石膏泥浆状外壳，有的表面呈细蜜蜂巢状，有的表面还有暴雨滴溅的小坑和泥沙、重力水流冲刷的印痕等。仔细看，就会发现膏林中的有些地段峰林、峰丛密集，造型千姿百态，似钟塔、宫殿、土堡、屏风和擎天柱，峥嵘如圣殿山，狰狞如魔鬼脸，色彩之对比鲜明如京剧脸谱，色彩之变幻无穷则又像川剧的变脸。整个膏林真像是把天上的彩虹拉直折断削尖后参差不齐地倒插在这里。

从景区平缓的斜坡望上去，峰丛高百余米，峰林叠嶂、层层叠叠，浑然一体，色彩及柱体造型多变，或独矗，或相连，参差有致，远看成林，近看成峰，高者达三十余米。忽而盘旋直上，忽而陡然垂落，峰回路转，沿谷两壁呈现一簇簇屏、嶂、峰、崖，以及千姿百态的造型。有的像扬蹄奔腾的骏马，有的像亭亭玉立的少女，有的像直刺苍穹的利剑，宛如一尊尊天然浑成、妙趣横生的石膏造像……

由于是立体造型，彩色膏林在不同的季节、不同的时间、不同的气候和不同的角度有不同的韵味。彩色膏林在早、晚、雨、晴、春、夏、秋、冬随着光线的强弱，阳光投射角度的不同，会产生不同色调构成的景观。那造型酷似一幅幅绝妙的“丹青国画”。阳光下，彩色膏林造型硬朗、醒目、挺拔，一览无遗；雾中，彩色膏林景观似显似露，若明若暗，如柔纱缠绕的少女，朦胧含蓄；雨中，那些色彩仿佛一下子流淌起来，一不小心，那样的色彩就会流失，

高耸入云的膏林丛峰

让人扼腕叹息。

置身彩色膏林中，仿佛回到遥远的上古时代，大自然的感染力在这里表露无遗。红得似火的凤凰花海，一望无际的蓝色天空，阳光下金色的村庄，紫蓝相交的彩色膏林……这些自然原始的色彩构成一个远古世界，自然风光别具一格，给人一种原始的美、粗犷的美。加之峰林层叠、浑然一体的天然树林，构成了一幅幅柔和协调、优雅多姿、俊秀绮丽、蕴含浓郁诗情画意的立体彩墨画，吸引着众多画家前来创作写生、摄影师前来捕捉闪光的一瞬。

站在远处观赏，彩色膏林就像一位婀娜多姿的女神，她静静地仰卧在沟谷深处，深深地凝望元江这片热土的沧桑巨变。她以不变应万变的脚步应和着元江之水的流动，承载着昨日的风云与今天的风雨。润物细无声，在无与伦比的风光中，她在真情地浓缩文化的积淀，她在延续生命里的花开花落。她使眷恋的人们重复地攀登着生命的高度，她在深情地融合来来往往的人们心灵之脚步。她在追随、她在向往，她深情地沉醉在这片充满芳香的热土地上。

彩色膏林是大自然奉献给人类的一块瑰宝，是一道美丽动人的风景。她的美妙难以用语言来表达，她以最直观的方式，向世人展示着大自然恩赐的奇峰异嶂的绝色与美妙，让世人一边欣赏高品位的实物山水画，一边慨叹大自然的鬼斧神工。彩色膏林的奇妙与深奥，彩色膏林的美丽和灵气，往往使游客忘记疲劳，流连忘返。

走进彩色膏林，才知她的雄伟厚重，她给予人们的是勇敢和坚强，感染人的是平凡和灵气，令人心动的是人与自然的和谐，展示给人们的是一种巨大顽强的生命力。她正逐步被人们所认识，并逐步走向世界。

梯田与云海的约会

哈尼梯田是哈尼族用智慧和勇气创造的一个惊世杰作。元江哈尼梯田与元阳哈尼梯田一样神奇壮观，其壮观在于规模和气势宏大，近万亩的梯田沿着高耸入云的哀牢山从山脚一直延伸到山顶，层层叠叠，形成伸向云天的“天梯”；其神奇在于梯田的景观随四季的轮换而不断变化，梯田与云海相会在山谷中，一动一静，变化万千，奇妙无比。这是人类的智慧与大自然的造化完美的结合，可谓天人合一、天地和谐。

说到哈尼梯田，人们自然而然地就会想到元阳梯田。其实，溯红河而上，在元江境内也有一片神奇美丽的哈尼梯田。根据红河流域流传的哈尼族迁徙史诗记载，哈尼族是顺着红河谷这条民族走廊由北向南迁徙而来的，就此而言，元江哈尼梯田是红河流域最早的哈尼梯田。

元阳哈尼梯田和元江哈尼梯田，是哈尼梯田两种极致的代表，它们传承的是同一个民族的农耕稻作文化。但因自然环境的不同，它们展现在世人面前的却是两种风格迥异的美丽。元阳哈尼梯田修建在平缓的山坡上，彰显着一种平铺直叙的磅礴气势和前后伸展的空辽壮阔；元江哈尼梯田开凿在陡峻的山岭间，流露出来的是一种千回百转的逶迤和上下错落的参差绚丽。如果把元阳哈尼梯田比作珠圆玉润、雍容华贵的杨玉环，那么元江哈尼梯田就是灵秀曼妙、小家碧玉的浣纱西施。

元江哈尼梯田蕴含着很多的美学元素，去粗取精，可用三个字来做个总结概括：奇、炫、幻。

元江哈尼梯田的奇，奇在梯田的层次和线条。阿波列大山从元江西岸拔地而起，山势陡峻，沟壑纵横，在这样的山上修凿出来的梯田依坡就势难成规矩，田亩宽狭不匀、大小各异，层次密集、八面玲珑，看似零乱却自成体统，弯弯曲曲的田埂交错纵横如蛛丝般缠绕出一片错综复杂的线条，缭草而不失流畅，随性而不失飘逸，颇具草书的质感和美感，兼有迷宫般的神奇和巧妙。

元江哈尼梯田的炫，炫在梯田营造出来的光影。秋收过后人闲田休，那时梯田贮满了水，早晨和黄昏时分成了梯田最为炫美的时刻，每一片梯田都倒映着亮汪汪的天光。田埂把梯田里的天光勾勒成形态各异的形状，光与影共同把成片的梯田营造成一个光怪陆离、晶莹奇幻的琉璃世界。早晨梯田里金光万丈，宛若西弥山上佛光普照，仿佛只要双手合十便能在梯田倒映出来的万丈金光中立地成佛；黄昏时分夕阳西下，洒一抹柔美的彩霞映红梯田，空山倦鸟归窠，山寨炊烟袅娜，滚滚红尘远在山外，这里一尘不起，就算没有那一曲悠扬的牧笛做背景，也会心生在这高山梯田间做个披蓑戴笠、荷锄暮归的农人之意。尽管这样的念头不切实际、荒诞不经，但只要能给心灵带来片刻的宁静，那又何妨？

元江哈尼梯田的幻，是云海与梯田的一个约定，也是元江哈尼梯田最为登峰造极的美丽。但不是每个不辞舟车劳顿的游人都能得偿所愿，想要欣赏到这一美景除了需要有足够的经验和耐心，还要有一点上天眷顾的运气。因为没人能把梯田与云海的约会拿捏得准确无误。

每年的 11 月至来年的 3 月，是观看云海与梯田约会的最佳时节。此时，哈尼梯田就像一个内心甜蜜的痴心汉，不露声色地默默等候着；云海则如一个捉摸不透的哈尼少女，总在意想不到的时候秘而不宣地悄然来临。

云海与梯田，一动一静，动静结合，一天之中变化万千，神秘莫测。

梯田背靠高耸的阿波列大山，东临深邃蜿蜒的红河谷，峰高壑深，景色雄浑，好似一把天梯直插云霄。早晨的云海平静如棉，白茫茫填满了整个河谷，波涛起伏，气势磅礴，把河谷两岸的山峦都飘浮成了海上仙山。云海边沿的梯田被点缀得如天堂一般缥缈，置身其中如临蓬莱仙境，让人心生得道升仙的陶醉，有一种欲从天梯之上踏着平静的云海到天庭去的幻觉。

随着河谷里气温的上升，云海开始在河谷里涌动起来，翻卷着，滚动着，然后从山下奔涌而上，排山倒海，势不可

仙居云海梯田中的哈尼山寨

当。山上的梯田不见了，山间的村寨不见了，云蒸雾腾，眼前白茫茫一片。雾中的水汽凉飕飕地扑在脸上，心里是“只缘身在此山中”的茫然，这种时候最宜清空大脑，什么也不想什么也不做，任由云雾包裹着，管他东西南北，我自云里雾里绝世而独立。

云开雾散时，云海与梯田已经完成了一次极其私密的约会。这时，河谷渐渐显现出来，轻云薄雾氤氲在深谷里，此时的云海以流云的形式在梯田间轻灵徜徉，有的聚集成团笼罩在梯田之上耳鬓厮磨；有的流动成轻纱缠绕着梯田依依不舍，像久别重逢的恋人，摩挲着、缠绵着。

梯田层层叠叠地盘绕在崇山峻岭间，流云舒卷浓淡、轻盈飘然地在梯田间流连；梯田云遮雾裹、藏头露尾、时隐时现，如海市蜃楼一般虚幻轻灵，水汪汪参差错落的梯田把云海映衬得轻盈缥缈、盈虚适度。云海与梯田在山中幻化出千万种奇界幻境，美不胜收，赏心悦目。

人文奇观的梯田与自然景观的云海相会在哀牢山中，这是人类的智慧与大自然的造化完美的结合。在二者幻化出来的奇妙景色前，语言和文字都显得苍白无力难以尽言其美。元江哈尼云海梯田到底有多美？到者方知。

高山出平湖

都江堰成就了“天府之国”，高山水库群造就了元江“彩云之南花果园”的美誉；“山顶蓄水，山腰发电，山脚灌溉”这是当代元江人在这片热土上创造出来的一个治水奇迹。

在元江县城的西北面有一片巍峨的群山，山上林木森森、苍翠葱郁、绵延宽广、绿意浩荡，积苍凝翠的林海深处四个波光潋滟的水库宛如镶嵌在一块翡翠上的四颗钻石，晶莹剔透，熠熠生辉。

这片群山属哀牢山系，平均海拔在2000米以上，雄奇峻拔，气势不凡。山上那片绿色恣意、如波绵延的森林叫南溪老林，林内藤萝漫披、兰幽芷芳、珍禽翩跹、鸟兽谐鸣，呈现出原始森林应有的一派和谐之美。林下清泉汩汩、溪流淙淙，顺着纵横交错的深箐幽谷，千回百转，清悠流淌。镶嵌在林海之中的四个水库，由大到小分别叫作磨房河水库、街子河水库、河坪子水库和板桥水库，它们相间棋布，彼此相依在2000米以上的高山丛林之中，碧水蓝天静如处子，轻风过处水柔波媚，撩起山水情怀，怡人心灵；临水听风松涛阵

阵，山情野趣浑然天成。苍茫浩荡的原始森林与波光万顷的水库群相得益彰、相映成趣，自然生态与水利工程完美和谐地结合在这高山之巅，不得不让人叹服和迷醉。叹服着设计者的智慧，迷醉在水光山色之中。

然而，对于一项水利工程来说，外在的山水之美固然迷人，但真正让人顶礼膜拜的是水媚山美背后闪烁不灭的人类智慧的光辉，就像都江堰让人对李冰父子发出怀古思幽之情、三峡大坝让人感怀当代中国人的伟大，高山水库群背后凝结着的是几代元江人的智慧和汗水。

元江境内群山连绵、河流纵横，水资源极为丰富。但因立体气候显著，也存在地区间分布不均、季节性降水不匀的特征，山区林密多雨，河谷坝区高温少雨，春季望天等雨，夏季筑坝防洪，季节性旱涝时有发生。自有地方志记载以来水患频发，治水几乎成了元

地处哀牢山巅的乌布鲁水库

江人的宿命。在元江有一个流传极广的民间传说——“刀岱斩蛟”：元江坝曾经是一个富饶太平的美好地方，后来来了一对恶龙，每到收获季节就出来兴风作浪、毁损庄稼，搞得田地颗粒无收、民不聊生。一个叫刀岱的勇敢青年义愤填膺，独闯龙洞屠龙。龙被杀死了，他自己也在搏斗中受伤后悲壮地死去。从此元江坝风调雨顺、丰衣足食。这是老百姓在缅怀某位治水英雄中演绎流传下来的故事，因为年代漫漶不清，难免被渲染上神秘色彩。但“造神”是老百姓对英雄的最高礼遇，他们愿意用这样的方式来表达对英雄的崇敬。这个叫刀岱的治水英雄也就被赋予了神一样的光芒，端坐在元江治水传说的最高处，默默地俯视着世代以农业安身立命的元江人。在前赴后继的治水兴农中，磨砺出了坚强的品格和不屈的意志，传说中他那种百折不挠、勇于担当的精神形成了元江人骨子里的基因，代代流传。

水利是农业的命脉，元江县的历代水利均以开沟引水灌溉为主。新中国成立前的元江没有一座水库，三分之二的农田望天吃饭，百姓稼穑艰辛、生计维艰。新中国成立后，元江人民展开了如火如荼的水利建设。

1957 年末，素有“元江西北利亚”之称的羊岔街，寒风呼啸，大队人马顶着凛冽刺骨的寒风，开进了老窝底山谷，一场开发南溪老林丰富水资源的水利工程建设行动拉开了帷幕。在那个技术手段落后的年代，元江人民全靠一种“为有牺牲多壮志，敢叫日月换新天”的毅力和韧劲，硬生生在原始森林中用最简单的工具和挑山的铁肩筑起了一座水库。这个足足用了七个春秋筑成的水库叫河坪子水库，这是元江人在海拔 2000 米以上的高山上修建的第一座水库，它为后来大规模的水库群建设积累了丰富的经验。

时光荏苒，岁月如梭，进入改革开放时代以后，随着人们思想意识的开阔和经济社会的发展，元江“山坝结合、治水办电、开发热区”的步子迈得越来越大、越来越快。修筑河坪子水库积累的高山建库经验和该水库发挥的巨大水利功能，坚定了元江人在南溪老林中建设水库群的决心，他们要让老林里流出的每一条溪、每一道水在不破坏自然生态的前提下按照人的意志流淌。

从 1982 年开始，新一代的元江人不畏艰难险阻在层峦叠嶂的哀牢山中劈山截流、筑坝开渠，在高山之上就山取石、依坡筑坝、聚水成库。至 1993 年先后建成了磨房河水库、街子河水库、板桥水库，与 1964 年建成的河坪子水库一起组成了云南省最大的高山水库群，控制流域面积达 42.94 平方千米。

高山之上天蓝水碧，好一副“高山出平湖”的蔚然景观，泛舟其中，云行碧水、舟划蓝天，说不清是天上还是人间，尘世的喧嚣如烟散尽，人性的本真如水入心，山清、水秀、天净、心空。

山腰上一个个电站就着山势梯级建造，这里有我国第二高水头的水力发电站，设计水头 861 米，静水头 905.15 米，设计管道全

深隐在密林中的街子河水库

风景如画的南掌水库

长达 2671 米，引水的管道如巨龙天降，从高山水库群边俯冲而下，它们的动力转化成了电能输出山外。

山下用于灌溉的沟渠管道盘山绕岭、纵横交错，像一条条难见首尾的长龙滋润着干渴千年的土地。

大禹治水用一个“疏”字平定了远古洪荒，为中华民族开辟了万世基业；李冰父子治理岷江修建了都江堰，总结了治水六字诀“深淘滩，低作堰”，遂使岷江水患消除，两岸农业丰收，人民安居乐业，成都平原成为“天府之国”。而秉承不畏艰险、百折不挠、勇于创新的传统精神的当代元江人，同样创造出了一个“山顶蓄水，山腰发电，山脚灌溉”的治水奇迹。从此，山洪不再咆哮，土地不再干渴，百姓不再饥饿……高山之上的水库群汇聚的是水，流出的是金，充分发挥了调节元江电网枯水季节发电和旱季河谷农业用水的功能，集发电、灌溉、生活用水于一体，点亮了元江的夜晚，浇灌了热区的田园，润泽了百姓的美满生活。

都江堰成就了“天府之国”，高山水库群造就了元江“彩云之南花果园”的美誉。花，四季常开；果，四季飘香；人，四季欢笑；客，四季不断。

花果飘香的田园

“气候炎热，四季无霜”“一山分四季，十里不同天”的奇特气候造就了元江良好的自然环境，禀赋元江丰富的植物资源，从而使元江成为一个神奇美丽的地方——四季鲜果不断，日夜花果飘香。从观音山到红河谷，从年头到年尾，闻着交替的花香，吃着变化的鲜果，你会真正感受到元江是一个名副其实的“花果之乡”。

绿色元江 水果飘香

不到元江，真不知道自己认识的水果少。年头吃到年尾，天天新鲜，月月不重，看着赏心悦目，尝了爽口爽心……

元江，是山清水秀、风光旖旎的热土，是绿树成荫、四季花开的绿洲，是美丽如画的花园，是水果飘香的家园……

春天，路边桃李花开，满园弥山，如雪，如朵朵白云，美极了，直让人叹为观止。斜阳，花树，幽香，好一幅如诗如画的壮美的春景图！看着这如画般的美景，就会让人想起元江本土的一首原创歌曲："桃李花开朵朵艳，致富乡亲乐开怀。"桃李是元江水果市场上市最早的水果之一，它是桃和李嫁接的品种，有桃的外形，兼具李的色泽，吃起来别有一番滋味。每年的 2 月前后，桃李花开，漫山遍野，如瑞雪覆盖大地。到清明前后，桃李成熟。成熟的桃李深红色，有核，果不算大，味酸甜，可助消食。在"清明时节雨纷纷"的 4 月，水果稀缺，所以元江桃李销售最为火爆。有一桃李品种，果实像指头大小，黄中带红，味酸甜，略带涩，一千克可卖到 40 元左右，很多果农靠种植桃李走上了致富之路。

❶ 香蕉

❷ 龙眼

“十里矶围筑稻田，田边博种荔枝先。”这两句古诗，就像是元江荔枝的写照。荔枝是元江栽种比较早的水果之一，主要在傣族聚居的澧江、东峨、甘庄等海拔较低、气候较热的地方种植。清代元江州官李令仪也曾作《元江即景》诗云：“适闻园丁语，曾云荔枝然。红尘看一笑，妃子想当年。”5月的元江，荔枝成熟，荔枝园里，一颗颗、一串串丹果与绿叶交相辉映，那曾经博得妃子一笑的美味佳果，如少女绯红的脸颊一样可爱，看上去就让人味蕾生津、馋涎欲滴。荔枝，是艰辛岁月里的一抹记忆，是美好元江的一道亮丽风景。

不知道从何时起，元江的水果家族中又增添了新的成员：火龙果。火龙果夏天开花，花玉白色，非常美丽；火龙果的花儿就像昙花一样，晚上开放，到早晨朝阳升起时就枯萎了，早晨开放，到下午就蔫了。因火龙果花期短暂，欣赏此花可得抓住时机，错失良机，就不能欣赏到果园里那竞相开放的一朵朵硕大洁白的火龙果花了。有时，见到火龙果开花，真比吃到火龙果还难。火龙果果实呈椭圆形，外观为红色，果

1

2

❶ 菠萝蜜
❷ 桃李
❸ 青枣
❹ 荔枝

肉为白色或紫红色，果肉里有芝麻一样大小的黑色种子。火龙果于夏秋成熟，味甜，多汁，口感极佳，所以“落户”元江就迅速“走红”，并且越来越“火”，成为元江水果家族中的新宠。

元江一年四季有水果。即使是在冬季，仍然是满街水果、遍地果香，而且冬季水果品种也还不少，除了甜橙、橘子、香蕉、芭蕉、木瓜、水果甘蔗等传统水果外，还有前几年从宝岛台湾引进的青枣等新水果。元江青枣个大色佳，肉质肥厚细嫩，酥脆，汁多，香甜可口。由于青枣果形优美，兼有苹果、梨、枣的风味，并且营养丰富，享有“热带小苹果”的美誉。“日食三枣，长生不老。”元江青枣，给冬季添上了一笔浓重的亮色。每年冬天，青枣地里果实累累，犹如繁星坠满枝头，一颗颗如碧玉般惹人垂涎。春节期间，果实大如鸭蛋的青枣1千克可卖到10元，销量极好，许多农民因种植青枣走上了致富之路。

“水果飘香此乃滇中阆苑，山河溢彩堪称热土明珠。”元江水果，写不完、道不尽，也让人爱不够。有对联云：“一年有两百天，天天阳光灿烂；四季里凡十二月，月月水果飘香。”生活在元江这片洒满阳光、果香四溢的沃土上，是不是有一种“头顶香蕉，脚踩菠萝”的自豪？是不是有一种“才下眉头，却上心头”的幸福？

3

4

舌尖上的热带果王

你也许没来过元江，但你可能吃过元江芒果；没吃过元江芒果，就不算真正懂得芒果的味道。想知道元江有多少种芒果吗？想知道各种芒果的滋味和元江人奇葩的吃法吗？请到元江品尝芒果盛宴，感受这舌尖上的热带果王之味吧！

天气热了，知了叫了，凤凰花开了，芒果也成熟了。山坡上，田野里，街道旁，到处都是芒果树。绿绿的，翠翠的，生机盎然，蓬蓬勃勃；一棵棵，一排排，一片片；如冠，如伞，如参天的“绿巨人”，给炎炎夏日带来几多清凉，像一道道屏障消弭了肆虐的风沙。芒果树上，垂挂着串串的果儿，像一个热闹的大家庭：有绿色的，小巧的，似温婉羞涩的小家碧玉；有金色的，圆润的，似风度翩翩的富家子弟；有紫色的，丰盈的，似端庄贤淑的大家闺秀；有绿中泛黄的，本色的，似天然淳朴的乡野村姑。三年芒、象牙芒、吕宋芒、四季芒、金凤凰，形状大小不一，品质各具特色，味道却皆香甜醇美。

最常见的是我们叫作本地芒的，树儿高高大大，树干粗粗壮壮，树枝横七竖八，树叶密密麻麻。年轻的，勃勃生机；年老的，历经沧桑。芒果树夏天遮阳，洒下绿荫一片。热坝子里的村村寨

寨，都喜欢把它栽在村头村尾，寨前寨后，好让村民们在太阳最辣的时候在树底下凉爽凉爽。有时，一阵风吹来，“噼啪”一声，一颗熟透的芒果会不经意间掉到你面前。又是“噼啪”一声，又有一颗半绿半黄的芒果很自然地离开了大树……

本地芒自生自长，不施化肥，不洒农药。果实较小，核大肉少，但味道清香醇美，是最原生态最美味的水果。在那个物质匮乏的年代，芒果是孩子们充饥和解馋的最好食品。芒果成熟时，小孩们会用硬土块，或者用弹弓瞄准挂在高高大树上的果实，一次又一次地打呀打，费好大的劲才能换来小小的收获。而年龄大点的少年，就会不顾危险，像小猴那样爬到树上，顺着摇荡的树枝，去摘那仿佛触手可及又好像故意躲着你、使你无法收入囊中的东西……曾有几年，坝区的许多村子几乎成了本地芒果的世界，一棵棵古老苍翠的芒果，密密麻麻，吊着一颗颗、一串串的果实，真是数不胜数。微风吹拂，串串芒果犹如圆润的碧玉，在枝叶间晃晃荡荡，令人浮想联翩。

吃本地芒果有一些讲究，一般的吃法是：将熟透了的芒果拿在手上，用双手轻轻揉搓，让果肉全部变成果汁后，在顶部咬开一个缺口，然后将嘴对准缺口，像吮乳汁一样吸着吃。当浓浓的果汁缓缓流进口中、慢慢滋润舌头时，那清香、爽口、醇厚的

❶ 金凤凰

❷ 本地芒

本地芒果特有之味顿时让人感觉全身舒服至极，这就是美味！还有几种吃芒果的方法却比较特别。一种吃法是：选用本地生芒果，削皮，去核，把雪白的果肉切成条状，将干薄荷末、辣面、胡椒粉、盐巴、味精拌在一块作佐料，用削好的芒果肉蘸佐料吃，味道独特，酸中带香、麻、辣味，有人称之为“香辣生吃法”。另一种吃法是：把切好的生芒果肉放入干净的碗、瓶中，加入白糖，待糖溶化，浸泡在糖水中的芒果肉也变得非常甜蜜可口，有人戏称为“原生态芒果罐头”。还有一种更特别的吃法是：轻揉熟透的芒果，使皮内的肉变成黏黏的浓汁，然后在芒果顶部切一个口子，取出芒果核，再把白花花的熟米饭塞进芒果皮内，让金黄的果汁和米饭拌在一起，就可以尝到味道香甜浓郁的“珍珠米饭色拉”了。

元江的芒果品种很多，共有一百多种。但元江人最喜爱的是三年芒、台农一号、金凤凰等几种，种植多，产量大。三年芒果，肉金黄，香甜可口，是元江人的“老朋友”，大家对它有一种割舍不断的情愫。春节前后开花，淡黄色的花儿布满树梢，清香四溢，一场春雨过后，渐渐结出果实，果实由小而大，直至成熟。台农一号芒果，花色金黄，清香袭人，果实成熟时，有深绿色、粉红色，光滑、美观。果肉橙黄，肉质嫩滑，果汁多，糖分高，味道香浓。金凤凰是芒果家族中的“皇后”，花期较早，每年年底就开花，花紫红色，芳香袭人，但果儿却要到第二年的五、六月成熟，果皮光鲜，有紫色、金黄色，还有紫红色。金凤凰的果子小的像一个可爱的胖娃娃，大的像一个丰盈绰约的美女佳人，衬着碧绿茂密的枝叶，浓妆重彩，庄重、雅致，宛如出生名门望族的芒果“贵族”。果大、肉多、汁浓、味香甜是金凤凰芒果的特点。金凤凰名儿美，味儿鲜，实为芒果之精品，果中之“宠儿”。

元江芒果数不胜数，翠绿、水英达、金钱芒、凯特、马帅、甘庄七号……元江芒果品质优、色泽俏、味道佳，芒果成熟，是舌尖最享饕餮的时节。元江芒果，在你的、他的、我的舌尖上，甜甜蜜蜜。

❶ 芒果街
❷ 芒果森林

神奇的野生仙丹

小小一株火炼丹，家家户户盆中栽；不以花香形悦人，只将精华满腹存。等到需要它的时刻，纵使粉身碎骨、香消玉殒，也会为人们抚平创伤；既可做盘中佳肴，也可为美容秘宝，元江芦荟真可谓大惠民生。

驱车前往白塔，路边郁郁葱葱的果园望尽，便是大片的芦荟。

芦荟并无骄人的外表，形也朴素，花也淡淡，元江本地人又称其为“火炼丹”“天火草”。在许多人的记忆中芦荟甚至是令人憎恶的，因为它形似剑麻，被剑麻刺伤的痛楚和割破剑麻发出的恶臭令人心生厌恶。直到曾被烫伤、烧伤而用芦荟涂抹敷盖使伤痊愈，人们才切身感受到了这神奇“野生仙丹”的妙处。

芦荟具有十分顽强的生命力，所以很好种植。栽在花盆里不闻不问数月也不会枯死，哪怕脚下的泥土都已经在烈日和暴雨下板结，它还是会好好地活在那个盆子里。此时，若添一捧土，浇几次水，它就会像刚起床的小孩伸着懒腰打开身子，几天之间，便活脱脱光艳照人地又长起来。皮如碧玉，

温润悦目；心赛水晶，通透晶莹；花似灯笼，串串火红。再加上这极强的耐旱及再生能力，不是欣赏，已然心生敬佩。它用整个的身体，去储存那些真正于人们有用的物质，满腹内容却如此低调，不借外形也不靠花朵，只是默默地生长，静静地积淀。

在元江，几乎家家户户阳台上都有一盆芦荟。因为芦荟形美花艳，具有很好的观赏价值，并且可以美化环境、净化空气；更重要的是，它有杀菌凝血、消炎止痒、增强免疫的功效。当遇到烫伤、烧伤、割伤或是蚊虫叮咬时，割点芦荟擦擦就可以了。由于对皮肤有极强的再造能力，女子喜以芦荟切片敷面，简单有效，是最方便的面膜，滋润皮肤超过黄瓜等一些常用素材。也有几家美容院，单独用芦荟原汁做按摩，去痘美白效果出众，生意奇好。芦荟做菜也

野生芦荟

是很好吃的，采下新鲜芦荟，去皮，切薄片或丁，入蛋汤、肉汤，营养爽口，皆是美味。其实人类认识和使用芦荟已有5000多年的历史，中国有关芦荟的应用，有文字可查的属隋末唐初甄权所著的《药性论》。1945年，美国在日本广岛和长崎投下原子弹后，芦荟抗辐射的神奇功效引起国际社会的广泛关注，推动了芦荟的科学研究。元江年平均气温24.6℃，年平均降雨量800毫米左右，年蒸发量2000毫米以上，全年日照2260余小时，干湿指数远远低于南非的开普敦，这样典型的干热河谷气候，被国内外专家公认为最适合种植芦荟的地区之一。在普漂中国芦荟自然保护区，存在着中国罕见的最大面积的野生芦荟群落，就是最好的证明。

当人们深刻认识芦荟并了解其神效之后，这个“野生仙丹”的价值也就得到了充分体现。于是，元江芦荟大热，到处大面积栽种芦荟。目前，芦荟已发展成为元江的一个新兴优势产业。芦荟产业龙头企业——云南元江万绿生物（集团）有限公司生产的芦荟高级工业原料及系列保健品深受消费者喜爱。其中高级工业原料已开始进入国际市场，产品销售覆盖国内20家大型品牌企业及欧、美、日、韩等20多个国家和地区。

如今，这神奇的“天火草”已成为大惠民生之物，成了真正的“芦惠”。

红火的火龙果

当火龙果邂逅元江，一段美好的故事就发生了，他们有了爱的结晶，开出最绚烂的花朵，长出最清甜的果实……那表里如一的紫红，就是最真的心、最幸福的笑靥。

火龙果落户元江的时间不算太长，在此之前，许多人并不认识火龙果，不知道它长什么样。直到这几年火龙果在元江试种成功并获得大发展之后，人们才逐步认识了它，并喜欢上它、爱上它。

火龙果是一种奇特的热带水果，它开的是白花，结的是红果，而果肉却是紫红色的。火龙果的花只在日出前开放，全然不顾你等待。它的花开得很美，是一种美到脱俗的花，花萼状如青龙鳞，花冠乳白赛百合，淡琥珀色的花蕊细细密密排布其中，就像一团金丝。花体长达 30 厘米，形似腾龙，孤傲冷艳。花开时，见蜜蜂吻蕊，流连花间，亲密呢哝，好不融洽！此情此景，不像“霸王花”这个名号般的不可亲近，反而柔美似一袭素雅婚纱的新娘，高贵，也清新……站在高处观赏，白色的花冠千树万树花正开，灼灼其华，如明灯万盏齐点亮，这色调，只有绝美的油画中才可见。见过昙花美的人，大抵都会感叹那短暂而又难得的美好。火龙果花便是昙花的“亲戚”，每一次的花期都不过三天，还齐刷刷约好了，大家一起绽放，一道凋谢，就是这72小时，开到奢靡，开到极致，把所有的美在这个时刻展示，你若不来，它也就老去、陨落。但它却是那样的美，让你忘记了感叹，忘记了伤怀，甚至忘记了按下快门。待到花落，它又不停地储蓄精华，在花托里积淀营养成果，奉献给人们这最独特的果实。

关于火龙果的营养价值和药用功效，还有一个美丽的传说：传说一位贫苦的阿兹特克妇女在沙漠中迷路、陷入绝望、奄奄一息时，被一种神奇的力量指使着，啃咬了量天尺，又吃下了一颗鲜红夺目的火龙果。然后，她竟然在毒辣的阳光下苏醒过来，体力快速恢复，几近干裂的嘴唇魔幻般红润起来，最终走出了沙漠！传说只可听不可信，但火龙果的的确确是一种集水果、花蕾、蔬菜、医药优点于一身的宝贝，从花果到枝根，无一不可用。花做茶，亦可入菜；根补气，可

边开花边结果的火龙果树

❶ 火龙果宴
❷ 火龙果园

入药和炖食；枝条除了扦插繁殖，更可碾碎做饲料，大大增加动物肉质和产奶中的营养成分。紫心火龙果富含植物白蛋白，具有卓越的分解重金属解毒功能，是减肥、纤体修身的理想物质；富含的花青素，不仅是一种非常优良的天然食用色素，还是一种效用非常明显的抗氧化剂，具有很好的美白、淡斑作用，可谓越吃越瘦、越吃越美。由于少有病虫害，元江的火龙果是不用农药化肥的。新鲜摘下的火龙果不经挤压碰撞，保存期竟可超过一个月，方便运输到较远的距离，让四海八方的朋友一起分享这神奇的果实。

第一次吃火龙果的经历多半会觉有趣：第一天吃了火龙果，第二天排便出现血红色，会惊得到处找原因。其实是果肉中的花青素作祟，吃到肚子里也未被氧化和变质。当知道了火龙果的特性和种种神奇功效之后，便不会感到惊奇，火龙果也变成了家中果篮常置之物。火龙果一身是宝，吃法很多。兴起时，可邀约亲朋好友，办上一桌火龙果宴——火龙果根煮土鸡，火龙果花素炒，火龙果汤圆、火龙果饼……看着那别出心裁、创意十足的一道道佳肴，品尝着自酿的火龙果酒，色炫，香溢，品鉴不尽，余味无穷，好不惬意！

1

从初到元江时的奇花异果，到如今寻常百姓唾手可得的美食和果农们赚钱增收的新希望，火龙果与元江这片热土，仿佛注定是天生的一对，有着怎样的不解之缘啊！

爱这开谢干脆的花，元江的花和元江人一样的直爽；爱这火红热烈的果，元江的果和元江人一样的热情。

2

绿洲醉美花语

爱花的人，请到元江，这里一年四季盛开的鲜花会让你忘了季节；不爱花的人，请到元江，这里天天看得见的万紫千红会让你无处回避。爱花或不爱花的人，都请到元江，来到这里，你会忘了走……

多彩的河谷，肥沃的热坝，森林繁茂的山区，成就了元江美丽的自然景观。温热的气候，独特的自然环境，使元江四季花开，景色迷人。

元江果树多，花自然也多。尤其是春天，百花争奇斗艳，姹紫嫣红，香飘热坝绿洲。早春二月，路旁的地里、坡上，开起了桃李花儿。桃李花为白色，淡香，花虽细小，但当一朵朵素洁淡雅的花儿簇拥在一起，然后一树连着一树，而且连绵十几里的时候，就觉得云蒸霞蔚，特别壮观，非常美丽，让人叹为观止。有一首叫《桃李花开》的歌曲是这样唱的：“我又见到你，仿佛在梦中。高山淌下清泉水，山腰果树连成林。一层台地一层花，朵朵花开万树春；桃李花开朵朵艳，丰收在望人欢笑；桃李花开朵朵香，山村就在花丛中……”歌词写得很美，意境如诗如画，又如梦境。如果能身临其境，你也会感慨：那满山弥坡、一路芬芳的桃李花儿，难道不就是一首动人的歌、一幅娟秀的画、一阕婉约的词？

元江热坝鸟语花香，大山深处也有奇花异草。羊岔街是元江高海拔地区，春暖、夏凉、秋冷、冬寒。四月间，在暖暖的春风中，杜鹃花竞相开放，亮出美丽的姿容。杜鹃花是云南的八大名花之一，与茶花、百合花、玉兰花、报春花、兰花、绿绒蒿、龙胆系齐名。每年春暖花开的时候，来到被戏称为“元江西伯利亚”的羊岔街，爬到山巅，放眼一望，就会被眼前满山遍野的杜鹃花惊得目瞪口呆：满山的杜鹃花开得如此娇艳、如此芬芳；一丛丛的花，开成一幅幅山水画卷，连成摄人心魄的花海……此情此景，不由得让人感叹：原来，杜鹃花是如此美丽！

元江一年四季有花，而且花期很长。曾任元江知县的湖南文人刘达武编著的《台阳随笔》记载：元江“花卉率先时而放，至有长年不绝者”。

在元江太阳城广场公园里，有十几株并排的洋紫荆。紫荆花盛开的时候，从树林中走过，总会嗅到一丝淡淡的清香。紫荆花有五瓣，其中有两瓣左右对称，就像蝴蝶的翅膀；另一片花瓣则微微翘起，颜色也比较深，仿佛蝴蝶的尾部；花蕊细长，从花苞中伸出，像彩蝶翩跹起舞，令人赏心悦目。紫荆叶如心形，状似羊蹄，故又称洋蹄甲。把叶子对折起来，你会发现，它是如此对称，就像形影不离的好朋友，于是有人就给它取了一个名，叫“朋友树”。紫荆花从初冬开放，一直到暮春。因此，在元江随处都能看到紫荆花的倩影，闻到紫荆花的幽香。

紫薇花是元江花树中的“新娘”，她的妩媚，她的娇美，给人们带来许多意想不到的惊奇和无比美好的遐思。秋天的傍晚，在宽阔的县城街道边散步，路两边的绿化带上，有一排长长的小树，树枝上缀满了紫红色的花。一枝数颖，一颖数花，微风吹来，妖娆颤动，舞燕惊鸿，惹人怜爱。据说，紫薇还有一个奇特之处：用指甲轻搔树干，枝叶会微微颤动。“薄薄嫩肤搔鸟爪，离离碎叶剪晨

蜡梅

霞。”诗人杨万里妙笔生花，将紫薇的这一特性描绘得传神动人，栩栩如生。紫薇花在夏季绽放，一直到秋天才渐渐凋谢，所以有“百日红”之称。

到了冬季，很多地方就进入了一派荒凉、萧瑟的景象。但是，元江气候温暖，依然草木青青，奇葩独放。百合花、红掌、天堂鸟、一枝黄花等名贵鲜花闻名遐迩。

红掌集红、绿、黄三种色彩于一身，风姿绰约，自然天成。在室内，若用木质家具、十字绣、布艺、餐具与红掌等绿植搭配，就可以营造出温馨恬淡、宁静祥和的氛围。这样的布局，足以和户外的田园生活相媲美。置一盆红掌，配几株绿植，挂一幅

天堂鸟

红掌

亲手绣制的风景图，居室顿时熠熠生辉，充满情趣。

百合花为大家所熟知和喜爱，有“云裳仙子”的美称。百合花姿雅致，叶片青翠娟秀，茎干亭亭玉立，又有“百年好合”“百事合意”之寓意，是中国婚礼庆典上必不可少的吉祥花卉。与百合花一样，天堂鸟是元江种植的又一特色花卉。天堂鸟又名鹤望兰，其花外瓣橘黄色，内瓣亮蓝色，柱头纯白色，形似仙鹤昂首远望，故得此美名。还有，黄莺也是元江有名的特色花卉之一。在其他地方，黄莺的花期一般是在夏季至秋季，而在元江，它的花期却是在冬春季节。黄莺花为金黄色，小花上有千朵密生茎枝。在冬天的北风里，温暖的元江却有天堂鸟“展翅欲飞”，有黄莺“一鸣惊人”，有“云裳仙子”遗世而立……

百合也好，红掌也罢，能够在冷冷的冬日，给远方的人们捎去一缕缕温馨，送上一句句花语的祝福，这些都得益于元江“长夏无冬”的独特气候，才会有“木叶长青花久妍”的美好景致。

元江，四季花开，芳香醉人。春天百花齐放，有攀枝花如火似霞；夏天月色荷影，有茉莉花“刻玉雕琼作小葩”；秋冬紫荆吐蕊，紫薇“露压风欺分外斜”。而凤凰花的热烈如火，一枝黄花的金色璀璨，九重葛的五彩缤纷……给元江热土增添了无限的魅力。元江，是一方树木葱茏、奇葩斗妍的美丽地方。

紫荆花

观音山上杜鹃红

人间四月，芳菲不尽。观音山上，杜鹃正红。登顶观音山，不看还好，一看就会发现，你竟置身于一片花海的浪尖，果然是“无限风光在险峰”。

元江县咪哩乡甘岔村委会观音山上的古杜鹃群落，是元江县境内面积最大、景观最壮丽的野生杜鹃林之一。树龄在百年以上的杜鹃有数百株，主要以花色红艳的马缨杜鹃为主。每逢春暖风和之际，杜鹃花尽情绽放，一片火红，美不胜收。

人间四月芳菲尽，山中杜鹃始盛开。在这春意融融、和风习习的时节，正是外出春游踏青的良辰佳时。每逢此时，爱花的朋友，可邀上三五知己，登上观音山，奔向杜鹃花海，一览人间仙境！

由于甘岔观音山在国家级自然保护区内，林区不通公路，所以，从县城驱车来到属于元江县三大原始森林之一的甘岔老林周边之后，只能徒步前往观音山。从森林边缘开始登山，心里装着满满的期待。起初的山路，虽说蜿蜒，但不算难行；渐渐地，山越来越险峻，路越来越崎岖，行走起来也更加困难。不过，为了一睹杜鹃姿容，一心只想爬到山顶，也就不觉得多困难了。走到半山腰，就可以看到一两株、一两团红如火焰的杜鹃花，或匿身于一片浓绿之中，或随风摇曳于山崖边。无论是“万绿丛中一点红”的艳丽，还是“红花覆路旁”的俏美，每一株都显得随性而曼妙，独特而有韵味。

初次到此赏花的游客，一看见那半山腰上的杜鹃花，就会兴致勃勃、争分夺秒地拍照。其实，不用着急，“无限风光在险峰”，更漂亮、更让人惊喜的美景还在上面呢。一鼓作气攀到山顶，然后回头向下望去，就会看到山崖下开满了杜鹃花，一枝枝，一簇簇，守望在山崖间，点缀在缓坡绿草中，绽放在丛林深谷里；散落着，交织着，绘成绚丽的彩霞，绣成无边的杜鹃花世界。

站在观音山顶眺望，满眼都是缤纷的杜鹃花。置身于这

观音山上的白杜鹃

❶ 开在观音山老树上的粉色杜鹃

❷ 观音山上的红杜鹃

样一幅无限春意的画卷中，嗅着春天浓郁的气息，寓情于山水，忘却了尘世的喧嚣，如梦如幻，好不惬意！这是大自然的馈赠，大自然的杰作——观音山的杜鹃花！

大诗人白居易诗云：“闲折一枝持在手，细看不是人间有。花中此物是西施，芙蓉芍药皆嫫秀。”这正是对杜鹃花的最高褒扬。姹紫嫣红、争奇斗艳的杜鹃花，仿佛是一群自然淳朴的村姑，天生丽质，洗尽铅华，清新妩媚。

杜鹃花是娴静的，是娇羞而又野性的。瞧，她们展开了天仙般的容颜，在骀荡的春风中翩翩起舞……四月，观音山上杜鹃红。

攀枝花开红艳艳

有一种花，总在料峭春寒中绽放，在极致绚烂时倏然离枝，仿佛一束束英勇的火炬，将红河谷的春天点燃。它，有一个响亮的名字——英雄花。

二月天，北方正是春寒料峭，而红河谷中的太阳城——元江，却是花开似火。那是什么花？那是英雄花！

英雄花即木棉花，在元江本地俗称攀枝花。元江县城周边红河谷沿岸的谷底和山坡上，错落屹立着成千上万株攀枝花。每年二月中旬，谷底的攀枝花首先开放，一朵朵红艳艳的花儿就像一簇簇燃烧的火苗跃上枝头，迎着春风吹响绽放的号角。山坡上的攀枝花一呼百应，紧随其后竞相盛开，一团团鲜艳的红色遍染山野，烈烈如焰，灼灼似火。

相传，远古时代，有位叫吉贝的民族英雄，为了抵御外敌的入侵而身中数箭壮烈牺牲，鲜血化成殷红的花朵，手中的利剑化为树枝，身躯化为攀枝花的树干屹立在田埂上，守望着家园。所以，人们把这种英雄化身的树叫作英雄树，把英雄树开出的红色花朵叫作英雄花。这个荡气回肠、感人肺腑的传说，让攀枝花变成了盛开在人们心头的传奇之花。

攀枝花的美，美到惊艳。你看它，剑一般笔直的身躯深植大地，

直冲蓝天，在风雨中，在骄阳里，傲然挺立，沧桑坚定，刚正威武，挺拔雄健；你看它，如霞似火的红色花朵怒放在傲骨嶙嶙的黑色枝丫上，没有一片叶子的衬托，每朵花都坦荡向天，直视苍穹。人们常说“花好还须叶来衬，红花也得绿叶陪”，但攀枝花却特立独行地迸发在光秃秃的黑褐色枝头上，枯槁的枝条和鲜艳的娇花形成鲜明的比照，那是多么顽强的生命意向！那是多么令人震撼的视觉冲击！正是那萧索的枝条将攀枝花的美烘托得无与伦比、摄人心魄。如此艳丽的盛开，又何须一片绿叶来陪衬？若是多了一片叶子，反倒多余！那让人热血沸腾的红啊，干净纯粹得没有一丝杂质，分分明明、堂堂正正。那让人激情燃烧的红啊，是凛然正气的宣告，是淫邪不侵的姿态，是坚定执着的信念，是忠贞不渝的赤诚！

花开如霞烁枝头，花落豪迈归尘土。若你去给一朵攀枝花送别过，会震撼于攀枝花的离去恰如壮士断腕般悲壮洒脱。攀枝花不像

花开枝头满天红

别的花儿，非要开到荼蘼才凋落。它总在花朵盛放到极致绚烂时倏然离枝，“啪”一声响当当地落到地上，像一个战士般雄赳赳地站在那里，花瓣朝上，完完整整，干脆利落，铿锵决绝，把生离死别演绎得气势磅礴，正所谓“浓须大面好英雄，壮气高冠何落落”。每当攀枝花树下落红如锦时，常有佝偻着腰的傣家老妪，背着竹篓弯腰捡拾一地的嫣红，用它烹制美味的菜肴；也有爱美的姑娘捡拾坠落的攀枝花，串成鞭炮一样的花串，悬在房门或窗框上，把家装点得红红火火、吉祥喜庆。

舒婷在她写的《致橡树》里是这样描写攀枝花的：“我必须是你近旁的一株木棉，作为树的形象和你站在一起。你有你的铜枝铁干，像刀，像剑，也像戟；我有我的红硕花朵，像沉重的叹息，又像英勇的火炬。我们分担寒潮、风雷、霹雳，我们共享雾霭流岚、虹霓，仿佛永远分离，却又终身相依……”这些字句像一个铿锵的诺言引起人们强烈的共鸣，这是多么热烈、诚挚、坚贞、自强的爱情宣言！由此，有更多的人爱上了攀枝花，并憧憬着哪一天站在这既像沉重叹息又像英勇火炬的红硕花朵之下。

攀枝花，是红河谷中太阳城——元江的美景，是多少人年少时的憧憬和成年后的追逐。但愿这种美景永远伴随着我们的生活，让我们的生活过得永远像攀枝花一样红火！

❶ 捡得红花做佳肴

❷ 攀枝花开一树红

茉莉香飘太阳城

红河谷中有万亩茉莉，太阳城里遂芬芳馥郁。茉莉花，开在元江花期长，长在元江花味香。采一捧放枕边，梦伴幽香；穿一串挂胸前，淡雅清新。女人如花，又有多少女子是一朵茉莉？

“好一朵美丽的茉莉花，好一朵美丽的茉莉花，芬芳美丽满枝丫，又香又白人人夸。”很多人的梦里，都有一朵茉莉花开，却无缘在生活里倾听一朵茉莉的低语。而我们生活在元江的人却很幸运，可沉醉于茉莉花海，也可枕着茉莉的芳香入睡。

国人但说茉莉，首先就想起横县。而元江的茉莉花却鲜为人知。其实，元江茉莉花除了全国种植面积第二大以外，还有花期最长、品质最好的优点。每到阳春三月，太阳城火辣辣的阳光唤醒茉莉隐匿在绿叶间的小小花苞，一个个珍珠样洁白圆润的小花苞像调皮的精灵般从绿叶间探出头来，美滋滋地享受太阳城日光浴的盛宴。夜幕低垂时分，人们或在歌舞喧嚣中尽兴，或在天伦之乐中享受幸福，没有人会去留意茉莉花是怎样开放的。但那些蕴足了能量的小花苞并不需任何人的礼遇和注视，安安静静地蓄积能量，在早春、在盛夏、在深秋的阳光里舒展成了一朵朵莹白色的小花。风起的时候，一阵一阵热情的香风弥漫，满城溢香。即使日子无风，干热河谷蒸腾的热浪也会裹挟着茉莉花馥郁的芬芳丝丝袅袅飘荡，太阳城火辣辣的空气里，暗香氤氲。

当鼻尖被茉莉香氛诱惑了的时候，向着城郊循香而去，离茉莉园越近，香气愈加的袭人。到了茉莉园，极目远眺，星星点点的白，一簇一团的白，点缀在一望无际的绿色海洋中，恍若缀满繁星的夜空移到了阳光下。置身于雪白新绿两相宜的茉莉花海中，暖暖香风熏得人如痴如醉。俯身去触摸茉莉油亮绿叶间一朵朵小而雪白的花朵，玉骨冰肌，轻盈洁白，玲珑剔透，让人顿生疼惜爱怜之意。那未开放的花苞，紧锁着九重花瓣，如含羞的处女在酝酿花期，皎皎素净，脉脉不语。而已经绽放的茉莉，花瓣层层分开，润如玉，白如娟，轻如纱，既似天上的雪花朵朵飘落在凡尘，又形似水波里极小极小的白荷风中摇曳。

茉莉花开，没有浓墨重彩，无干富丽堂皇，无意哗众取宠，不屑讨巧卖乖。叶片间，枝丫上，不肆张扬的一朵洁白安静；阡陌间，樊篱上，随遇而安的一抹轻盈淡雅。阳台的花盆里，辽阔的原野中，泰然自若的一丛洁白新绿。不若桃花明艳，不若木棉昂扬，不若牡丹风光，不若兰蕙尊贵，但却孤标傲世，洒然出尘，堪比空谷幽兰！却又素颜如洗，质朴可亲，恰如邻人少女！这样的风骨和情怀，世间又有哪一种花可比？虽如此色单朵微、其貌不扬，却玲珑飘香、贵为香源。炎炎夏日里摇曳在少女或妇人的鬓黛间，流泻着自然的朴质、清新的芬芳，胜似披金戴银，堪与金钻比肩，是任何香艳都无法比拟的一道风景线。豪门贵胄或许不屑这野肆的微小之花，却也须臾离不开这茉莉香的陪衬。

姚述尧笔下的茉莉是“天赋仙姿，玉骨冰肌；向炎威，独逞芳菲；轻盈雅淡，初出香闺”。柳永感叹茉莉“环佩青衣，盈盈素靥，临风无限清幽”。刘克庄也写过赞茉莉的诗“一卉能熏一室香，炎天犹觉玉肌凉。野人不敢烦天女，自折琼枝置枕旁”。这是在说茉莉花在夏季开放，一枝茉莉花就能使一室香气弥漫，使人在炎热天气中还觉得玉肌生凉，心旷神怡，忘却暑热之感。“暗麝着人簪茉莉，红潮登颊醉槟榔。”这是苏轼被贬谪海南岛时，描写当地黎族妇女爱用茉莉花装饰鬓发和含槟榔的诗句。这两句诗，也正是元江傣家人的写照。元江茉莉花大多种植在傣族生活的地方，槟榔是傣族生活里不可或缺的钟爱之物，所以矮矮的茉莉园周围总是少不了高高的槟榔树。茉莉花开放的盛夏，茉莉园旁的槟榔树林里，胜似吴侬软语婉转的傣家小调旖旎地诉说着傣族人的恋歌，像沾着露珠的花苞一样水灵的傣家小卜少两颊红潮增妩媚，也不知道她是醉了情郎，还是醉了槟榔。

茉莉花素洁、清芬、久远，蕴含忠贞、尊敬、清纯、贞洁、质朴、玲珑、迷人之意，从古至今被许多国家视作爱情之花和友谊之花，青年男女之间常互赠茉莉以表爱慕之情，上至邦交礼仪、下至百姓往来也常有将茉莉花佩在客人胸前，以示尊敬、友好之意。

元江人喜以茉莉窨茶。所谓窨茶，是在茉莉花盛开的季节，取新鲜的茉莉花与绿茶放在一起，采用特殊的工艺，令鲜花吐香，茶坯吸香，一吐一吸间，茶叶吸附了茉莉花的香气并固定下来，成为茉莉花茶。用茉莉花熏制的花茶，芳香耐久，清甜可口，故在所有可用来窨茶的花卉中，茉莉花位居首位。茉莉花茶是中国独特的一种茶类，既有茉莉芬芳清雅的花香，又有绿茶醇厚甘美的茶味，常饮，有清肝明目、生津止渴、祛痰治痢、通便利水、祛风解表、降血压、强心、抗衰老等诸多功效。

元江茉莉花开的日子，常有发髻间簪着茉莉的阿姨，用纤巧的手指捏着细细的线，把一朵朵的茉莉花穿成一串一串的手镯、项链、脚环，然后挎着小竹篓婀娜着身姿在街头巷尾叫卖。姑娘们围着卖花女，只需一两元钱就可以买一对茉莉镯或脚环欢欢喜喜地戴上。也有更风情的女子，选一朵含苞欲放的茉莉簪在发间，再精挑细选中意的花环小心翼翼地佩在光洁的颈上，施施然移步生香而去。

女人若花，花似梦。每一朵花，都有自己的语言，或热烈，或淡然，或脱俗，或亲切，或柔韧，或刚烈，或奇香袭人，或暗香浮动，也或者无香，也或者无味……每一种语言，都是这世间一个女子的写真。在一个爱花的人眼中，没有一朵花是不美好的，无论是高堂之上的富贵之花，还是乡野樊篱的野肆之花，无不能唤醒其隐匿的情怀，无不能令其欢欣雀跃或温暖疼惜。但众花之中，独有这洁白微小的茉莉最让人偏爱。有人说，用茉莉花来比喻东方女人，再贴切不过。的确，东方女人美丽、聪慧、含蓄、婉约，岂不恰如这太阳城酷暑中飘香的茉莉，红尘万丈中静守一隅，发芽、生长、繁茂，然后在某一个夜里悄然绽放，香远溢清。你欣赏也好，不欣赏也罢，无论身在原野、山岗、滩涂，还是沟渠边、陋室里、花盆中，她都素雅从容地芬芳着，一生浮世清

喜摘茉莉奔小康

欢，一世香赠他人。夜里花开，是夏夜与皎月独白的自传。素雅芬芳，是朗日与云朵留白的语言。即便花开正好时被人采去窨茶汲尽芳香浸沉水，也把多情化作了杯底暗香流；即便露华正浓时被人采去提了精油弃枯花，也不过葬了一场花事却迸发出生命里的最精彩！

“你见，或者不见我，我就在那里，不悲不喜；你念，或者不念我，情就在那里，不来不去；你爱，或者不爱我，爱就在那里，不增不减；你跟，或者不跟我，我的手就在你手里，不舍不弃。来我的怀里，或者，让我住进你的心里，默然，相爱，寂静，欢喜。”茉莉香飘太阳城的时候，有多少女子，恰如茉莉。你若懂得，该有多好。

凤凰花开别样红

在这世界上，漂亮的花很多很多，但花名和花一样漂亮的花却很少很少。而元江却有这种花，那就是凤凰花。它是元江盛夏的一道风景，扮靓城市衬美了道路；它是元江人不屈性格的象征，愈热愈开不惧烈日；它是元江人热情本质的彰显，热情似火热烈奔放。

在这个太阳厚爱的地方，既然春天来得那样早，夏季当然也不甘落后，还只是初夏，这里便能感受到别处盛夏也无法企及的温度了。

每年，正是这个如火的五月，元江两岸，清水河畔，熠熠芳华。花如传说中的凤凰，色彩鲜艳，彤红如火；花瓣点缀着零星的白色斑纹，显得袅娜斑斓；花团锦簇，如凤凰展翅；花蕊纤巧，似凤凰昂首，鸟冠高扬。红花绿叶，枝繁叶茂，一树凤凰，犹如一首恢宏壮丽的诗篇。远观那一片红，开得那样热烈，那样奔放，开得那样不顾一切，带着一种赴死的勇敢，往极处绽放，像是错过就不能拥有的爱情，拼了命地要轰轰烈烈地爱一场。那如血似火的红，仿佛在跟阳光比赛，看谁燃烧得更浓烈！看那一树由千百万朵小花组成的红，一团团，一簇簇，开得无比浓艳，却没有丝毫的俗。那

❶ 花红引得美人至

❷ 凤凰花开满天红

如火的热情，那如锦的姿容，倒像是头顶红盖头的待嫁新娘，神秘中透着妩媚，妩媚中彰显出浪漫。于是这妩媚浪漫就吸引着每一个过往路人探寻的目光，让人忍不住地在烈日下驻足……

元江到处可见凤凰木。树冠开阔，绵延伸展呈伞形，甚美。鲜绿的叶，由夏至冬郁郁葱葱，其形既似羽毛，又状若扇贝。每年四至五月开花，花期至夏末。花瓣五瓣，颜色多为鲜红，偶见橙红，形如丹凤之冠。花开时满树结花，火红一片，像天边的云霞，似燎原的火焰，气势磅礴，灿烂夺目。每到凤凰花开，花下游人如织。老少赏花，妇孺纳凉，摄影爱好者们长焦微距拍不停。准备步入结婚殿堂的青年男女们，总是掐着花期到花下拍婚纱照，白纱映着红花，江水倒映欢颜，人和鲜花试比娇。要是逢着凤凰花开到绚烂落花之时，枝上红花簇簇如礼炮，脚下落红绵绵如红毯，一对对新人花下共憧憬，凤凰花的祝福，吉祥、喜庆又壮美。

1

2

居住在太阳城里的人们常去江边赏花。心情好的时候还可爬上凤凰花树，寻个舒适的树杈坐下，晃悠着双腿于花枝间俯瞰江水滔滔，享受浮生半日闲；内心颓唐的日子，去看开得激情澎湃的凤凰花，那浓墨重彩、绚烂极致的中国红，总会重新燃起对生活的热情，给人以全新的正能量。即便风雨过后，当花瓣飘落一地，踏上满是落红的小径，信手拾起一片状如彩蝶的花瓣，放入随身的书页，也能感受一种难得的田园惬意。凤凰花谢后结出木质的硬荚果，形状似镰刀，常被顽童们拾去用作嬉闹玩耍的玩具。荚果成熟后自裂成两片，种子便弹出自生，孕育出下一片火红。

其实只要听到“凤凰”这两个字，总是会条件反射似的在心里自动续上“涅槃”二字，连成“凤凰涅槃”。传说，凤凰是人世间幸福的使者，每隔五百年，它就要背负着积累于人世间的所有不快和仇恨恩怨，投身于熊熊烈火中自焚，以生命和美丽的终结换取人世的祥和、幸福。在经历巨大的痛苦和轮回后获得重生，并在重生中得到升华。在江上凝望凤凰花，总会觉得“凤凰涅槃”也是花的语言，也是人的精神。酝酿一朵花开，须经几季风雨；世间路，难

免坎坷崎岖。祈愿那些生活在新时代的女子们也能像这凤凰木，有阳刚的树干，有妩媚的娇花，树干阳刚无惧风雨，娇花妩媚无谓骄阳。

有人赋予凤凰花的花语是离别、思念，是什么人拿了这红红火火的花来寓意呢？此花寄此意，可见得这离别后的思念该是多么的炽热！这离别后的等待里有多少憧憬！这样炽热的感情，这样连思娇的情绪都豪迈的人，恐怕就是热心热肠的元江人，就是生性耿直爽快的元江人，就是滚烫烫的话语比天气还热情的元江人！

凤凰于飞，翙翙其羽！当经过旧城改造的阵痛涅槃成欣欣向荣的滨江生态城市，当凤凰花开满太阳城，等你来，你怎能不来！

凤凰花开的季节

云海深处茶胜酒

元江有好茶，藏在云海梯田间。这里的人们种茶、采茶、制茶、饮茶，茶与人的生活息息相关，浓浓的茶香萦绕两百多年，传承着茶的品质、茶的余韵。

在元江县那诺乡猪街村，人们每天起床后所做的第一件事就是烧水泡茶，用一个大茶壶或大茶缸泡上满满的一壶或一缸茶，在家里渴了喝茶，出门干活也带上茶走。要是有客临门，客人落座之后，主人取杯奉茶，早已是猪街人待客的惯例。

猪街村地处哀牢山巅云海深处。那里盛产一种名茶，叫作“猪街茶”，属于云南普洱茶中的一种名贵茶，民国时期曾享誉东南亚。早春三月，村庄里桃花红、梨花白，樱花竞相开放，菜花朵朵金黄。村庄外，蝴蝶恋花美，翩翩舞枝头；蜜蜂采花忙，盘旋花蕊间。村里的人们三三两两、三五成群，都在茶山上忙着采茶。茶山三面环山，一面与修到天上的那诺哈尼梯田深情对望。在茶山上素手撷新芽，四周常有松声阵阵，风里挟裹着春花和松脂的香味。若是起得早早地去采茶，会有一层一层的云雾从山脚下卷上来，涌上山腰，漫进山林，又穿出林子飘飘而上，一会儿工夫就来到了采茶

哈尼妇女采茶忙

人的脚下，还没等采茶人从脚踏行云的恍惚中醒过神来，云雾很快就溜到身后漫过了整座茶山。站在云端俯瞰，群山不知何时隐没在云海深处，山脚下的村庄也消失不见了，从遥远的天边到眼前，绵延的云海恢宏壮阔，气势磅礴。白云随着风向游弋，时而滚作一团团洁白的棉絮，时而又化作一丈丈长长的绫罗，绕着这个山峰飘忽而来，又悠然从另一个山峰飘忽而去。群山在云海里若隐若现，这边刚冒出个山尖，那边又隐逸不见，变幻莫测，犹如海市蜃楼。及至早上七点钟左右，远远的天边就会透出金色的光芒，一轮红日从云海中冉冉升起，喷薄而出。洁白的云海驮着光芒万丈的红日，扶摇而上的红日映着瑰丽无边的朝霞，全然一幅美轮美奂的画卷。到了中午，烈日炎炎饥渴恹恹时，就把出门时候泡好的茶拿来咕咚咕咚地喝上几口，清洌甘甜的茶水沁人心脾，

冒烟的喉咙顿时舒润起来，人也紧跟着精神起来。

采回家的鲜茶叶，要先倒在一块大大的竹篾笆上微晾到萎凋，再匀到竹筛里摇一会儿，然后放到一口大大的铁锅里用一双长长的竹筷翻炒。炒到茶叶萎软的时候钳出来，倒在簸箕里揉捻成细细的芽条，把结团的芽条抖散成单个单个的芽条，再端到房顶上的阳光下去晾晒。晾晒到茶叶水分两成干时再次揉捻，揉捻后又抖开翻晒，翻晒到茶叶水分八九成干的时候移到阴凉通风的地方充分晾干。如果有客商提出要香味更浓郁一些的茶，则在茶叶第一次杀青揉捻后，把茶叶放进一只高高大大的竹编烤篓里，在烤篓下生起炭火慢慢翻烤，直至干燥。有时，会把晒干了的茶一小坨一小坨地放进干净的布袋中，再放到蒸笼里蒸软，然后取出来放进做茶饼的模具里用石磨压成饼。最后把饼取出来一个一个地码到竹篾篱上，移到阴凉通风的阁楼上晾干。有时候也会把地里采回的鲜茶叶均匀地直接摊放在竹笳篱上放到太阳下翻晒，晒软后揉捻成形。

猪街人习惯把杀青揉捻后在太阳下晒干的茶叶叫晒青，在炭火上烤干的茶叶叫烤青或烘青。不同工艺制作出来的茶叶，外观和口感也有差异。晒青茶外观呈墨绿色，白毫较显，嗅一嗅有很明显的阳光的味道，泡出来汤色极好，尤以春茶做的晒青茶为佳，茶汤澄透绿带黄，叶底翠绿似鲜叶，口感醇和又自然，回甘持久余味悠。烤青茶闻起来有明显的火烘味，与晒青茶相比香气较锐，颜色与晒青茶相比较黑，白毫没有晒青茶明显，茶汤多呈金黄色，初泡时香高馥郁，但没有晒青茶耐泡，且叶底留香不如晒青茶持久，不宜久储。茶饼由于是先制作成晒青后，再用蒸汽加热熏软压制而成，看起来颜色较暗呈深黄绿色，闻起来香味与晒青相仿。若晒青、烤青的功效和微发酵的茶饼相比，则晒青、烤青提神醒脑作用更佳，而微发酵后的茶饼刺激性较弱，更养胃些。

“猪街茶”历史悠久，始种于清朝乾隆年间，迄今已有260多年的历史。“猪街茶”上乘的品质，主要源于其生长于海拔2000米高的哀牢山中，茶山周围近百千米无任何工业污染，自然生态环

猪街优质茶叶基地

云雾漫茶山

境极好。更得益于哀牢山冷空气与红河谷湿热气流及那诺哈尼农耕文化的结晶——哈尼梯田蒸腾的水气交融，而使得茶山终年云蒸雾润，烟波荡漾。加之气候温和，雨量充沛，光照适中，得天独厚的气候和地理环境孕育了一代名茶。“猪街茶”口感清香若兰、鲜醇可口、爽滑无涩、生津回甜、余味悠远，且茶叶特别耐冲泡，一份茶可经三泡而不减味。和其它地方的茶叶相比，“猪街茶”具有显著的三大特点：一是无涩回甘；二是三泡不减味；三是茶具不起茶垢。这是茶叶中极其珍贵的品质。

关于猪街茶，元江坊间一直流传着一个典故：原中共云南省委书记普朝柱在“文革”中受冲击遭迫害，被下放到猪街附近的垤霞大队，由地委领导变成了垤霞工作组组长，他在垤霞工作期间接触到“猪街茶”后赞不绝口。1983年他调回省里任省长后对“猪街茶”念念不忘，所以1984年写信给他在垤霞工作期间寄住的老乡，托老乡给他捎三口袋“猪街茶”到省城。但老乡去买“猪街茶”时只买到两口袋，怕完不成省长交给的任务就另外买了一口袋茶叶充数。当三口袋茶叶送到省会普朝柱的手里后，他老人家一喝就给喝出来了，说三口袋茶叶里面有一口袋不是“猪街茶”。

“猪街茶”目前的制作工艺尚未引进现代工艺，都是茶农沿袭传统方法手工制作。制作工序一般分为杀青、揉捻、干燥三个步骤。由于干燥方法的不同，制作出来的茶叶分为晒青绿茶、炒青绿茶、烘青绿茶和蒸青绿茶等几种。淳朴的猪街人，怀揣着若“猪街茶”一般温婉的心，用一双双勤劳的手掰下枝头的嫩芽，在阳光下晾晒，在热锅中翻炒，在竹具上揉捻，在蒸汽中整形，把善良和美好写在一道道的制茶工序中，让无任何农药残留、无任何添加剂的“猪街茶”仅仅带着阳光的芳香和炭火的温暖，以最生态质朴的本色，最清新自然的口感走出大山，像未经雕琢的璞玉一般呈现给爱茶的人。“猪街茶”目前销售的成品绝大部分是简包装散茶，一小部分是简包装七子饼，三成被本地市场消化，四成则被普洱茶商购成为加工普洱茶的最好原材料，还有三成被昆明、玉溪及东北、沿海地区的熟客购买。

茶，香叶，嫩芽，犹古之绝色，令人遥想其仿佛。东坡

茶树环抱的名茶之乡——猪街村

诗句有言“从来佳茗似佳人”，思之深焉。茶山代有茶娘出，采茶山歌云里来，那山之巅可有你心爱的姑娘？那云之遥可有你梦里的追寻？何不沿着神奇壮美的那诺梯田踏歌而行逐春风，何不即刻起程飞渡山路十八弯去向那东山顶！何不行到水穷处，坐看云起时！你看，你看，那云端里，有那采茶姑娘！且住，且住，云海深处茶胜酒，且喝一杯茶去！

江中精灵红尾鲤

在滚滚元江大河中，有这么一种精灵，它身经多少汹涌的浑浊河水洗涤，却依然保持着灵动俊美的身姿；多少江中同类因生态环境的变化而灭绝，而它却始终顽强地生存于大江之中……它就是曾被全国许多地方引种而全国知名的鱼类——元江红尾鲤鱼。保存和增殖元江红尾鲤有着巨大的生态和经济价值。

滚滚的元江水向东流，一去不复返，精灵的红尾鲤鱼，在滚滚的红河水里，静静守候。没有抚仙湖抗浪鱼的华贵，没有星云湖大头鱼的讨喜，炎热的红河谷江水孕育的鲤却独一无二。

它是云南六大名鱼之一，头尖，上颌突出，尾鳍下叶呈红色，偶鳍呈淡红色，是元江特有的鱼类，故称元江红尾鲤鱼。它有优良的基因，20 世纪 70 年代曾与江西荷包鲤培育成荷元鲤，一度风靡全国。它是建鲤的原始亲本，是建鲤的原始基因提供者之一。也许，在美国赶不尽杀不绝的“亚洲鲤”，也是它的亲本。

国人不能一看到或是想到鱼，就想象盘中的菜肴。的确，鱼很美味，营养也很丰富，吃鱼就是享受生活，特别是用元江红尾鲤鱼做出的特色红烧鲤鱼和清汤鲤鱼，那肉质筋嫩不

腻，鲜味十足，滋味无穷。可是我们不能仅仅限于口腹之福，那保护鱼、寻鱼、看鱼也是一种崇尚自然、热爱生活的表现，尤其是这种红尾鲤鱼，别说想吃它，就是想看看它，寻找它的踪影也不是一件容易的事。人类对大自然无止境地搜刮，已然让这称之为元江精灵的鱼类难觅踪迹。

灵动、漂亮、稀少，别说圆圆富贵的南瓜鱼，也别说肥硕长须的江鳅，在整个红河谷鱼类里，元江红尾鲤鱼可当之无愧地称为江中精灵！

书中的精灵，都隐藏在如诗如画般的仙境，选择和心存善念的仕义之人相见，这江中的精灵，选择在这红河谷里隐居。红色的江水，茂盛的水草，养育着这鱼跃龙门而又从龙宫出逃的水族精灵，

网鱼

身经多少汹涌的浑浊河水洗涤，依然保持着灵动俊美的身姿。

为能与这精灵有一面之缘，人们常在这浑浊的岸边等待丝丝秋凉。如若秋至，片片芦花随风飘扬，芦苇花，在水一方，芦苇荡，绵延不绝，风过处，细碎的芦絮纷飞，像隐隐白雪飘远，直至不见随风寻梦而去……江边一处浅湾处，有人垂钓，走过去安静地观望，小小的水桶中，小红尾鲤儿两三条，或是与那河边嬉戏的孩童一起，掳起裤管，筑起小坝，等待小鱼儿游到小坝里。如若等到一条小红尾鲤，那惊喜，那放生的小小举动，那保护自然的小小自豪，那小小的幸福足可忘却尘世纷扰。

放眼望去，江水滔滔哗哗声如恋人在芦苇深处呢喃细语，那水和土的气息交织着犹带丝甜的空气。岸边，整个元江坝，仍然绿意盎然，一年四季从不见凋零的萧瑟。元江，真是个好地方，这世界，真的很美好！

辣木不辣

它是“植物中的奇迹”，全身是宝；它是“母亲最好的朋友”，在缺粮的非洲改善着孩子的营养。初闻辣木的人总会问一句：辣木是不是辣的？但见了、尝了之后就知道：辣木不但不辣，而且还甜。

若不是国家领导人的古巴之行，“辣木”这种鲜有耳闻的植物不会一夜之间火爆起来。

初见辣木，让人颇感意外。形似鼓槌的树根，清新娇嫩的花朵，翠色欲滴的绿叶……这就是根、皮、叶、花、种子、树胶均可入药和食用，浑身是宝的“奇迹之树”——辣木。见过辣木，就会感觉它没有想象中的那般神奇、怪异，甚至还会觉得似曾相识。因为它的样子，很容易被混淆为某种常见的树木，埋没在路边的丛绿之中。

在元江坝子南边的元江农场三库附近，有一大片成林的辣木，面积约有150亩，为一农业企业所种植。主要是采摘辣木嫩枝销售，那嫩枝有筷子一般粗，翠绿鲜嫩。据说县城的宾馆、酒店常来预订，每千克50元；如果运到昆明的话，可以卖到每千克80元。这生意好得连劳作中的人们干活都仿佛带着一种快乐的节奏。

若是在花开的季节去参观辣木，穿行在辣木林中，会有一种别样的淡淡清香；卵形细密的绿叶，储备了无限营养，饱含着无限生机。白色的小花有的绽开，有的含苞待放；黄色的花蕊，一丛一丛地点缀在枝叶间的空隙，与环境有种“淡妆浓抹总相宜”的适配。元江干热河谷的自然条件十分适宜辣木生长，常年高温更使元江辣木的内含物较其他地方的更加丰富，保健效果更加明显。为了便于采摘，辣木植株都被矮化，否则在这红河谷中良好的生长环境下，一年就可以长到近4米高。

在元江，辣木10年前就曾被引进种植。当时，有个下岗工人看中了它的多种功效，倾其所有种了300亩。可是，因为无人接受，市场黯淡，连地租也交不上，后来不得不铲除，只留下为数不多的部分散落在田边地脚，或被无意中移至房前屋后。直到3年前，才有人重新拾起这个产业进行开

辣木树

辣木果荚

发。想不到刚好碰到市场上对辣木的追捧，这回倒好，赚了盆满钵满，还供不应求。如今，在元江的超市、农贸市场都能买到辣木，有客人来，也会用辣木做几道菜或当成礼物赠送，是非常好的营养品。这棵“万能树”已逐步发展为“摇钱树”。

辣木在元江的发展历程正应了一句老话：是金子总会发光。冷却市场炒热的温度，淡定下来思索，这是一种必然会火的植物。辣木的叶片、果荚营养全面而丰富，各种矿物质、维生素和人体必需的氨基酸含量，比世界卫生组织推荐摄取的标准还高；辣木的叶片、果实和根，均含有降低血压和胆固醇的功能成分，具有退热、消炎、排石、利尿、降压、止痛、强心、催欲等功用；辣木的种子含有活性凝结成分，凝结效果比传统的水提物更好，而且在低混浊度时不产生可溶性有机碳，具有净化水的特殊功能。此外，辣木全株都可作为高蛋白动物饲料，可开发成天然清洁剂和生物农药，还是食品、化妆品、香料、防腐剂和润滑油等工业产品的优良原料……更难能可贵的是，作为速生乔木，它的落叶中占60%的生物量对土壤有改良作用，辣木经济林产业的发展是生态的、可持续的。叶落归根的情意如此深沉地表达，用生命最后的价值去回报生之育之的大地母亲，“化作春泥更护花”用在辣木身上，更是贴切。

采下一根辣木豆荚，剥开一粒黑色的辣木籽，入口，先是一种怪味之后的苦涩难耐，继而是一股甘醇的回甜，一直久久地甜下去……辣木如是，人生如是。

民族风情的王国

元江这块土地，自古就是一个神秘的民族文化大观园。它既是民族文化的熔炉，又是民俗和原始宗教文化的博物馆，同时还是原生态民族文化保存最为完整的一块净土。很多奇特的民俗在这里传承，很多优美的歌舞在这里形成，很多独特的美食在这里弘扬，很多美丽的服饰在这里展示，很多精美的手工艺在这里诞生。可以说，元江是歌舞的海洋、风情的世界、民族文化交融的殿堂，是各族儿女永远的精神文化家园。

雕刻大山的民族

元江哈尼族是一个古老、淳朴、勤劳的山地农耕民族，祖祖辈辈依山而居、傍田而生，刺桐绕寨，棕树成林，火塘不灭，歌舞传承。这是一个能歌善舞、富于创造精神的民族，保存着丰富的传统文化，他们在漫长的历史进程中不断繁衍生息、传承发展……

元江哈尼族是一个勤劳智慧、敢爱敢恨的具有大山精神的民族，主要分布在那诺、羊街、咪哩、因远、曼来等乡镇，有糯比、糯美、豪尼、多塔、碧约、布都、白宏、阿梭、梭比、西摩洛等十多个支系，人口共有八万多人，是元江县人口最多的一个民族，属于元江县三个自治民族之一。

据哈尼族口传史料记述，其祖先曾游牧于北方草原一个叫“努玛阿美”的地方，后逐渐南迁，于3~4世纪期间进入礼社江流域（元江上游），并于5~6世纪形成独立的民族——哈尼族。到9世纪时，哈尼族历史上出现了第一次大分支，其中一部分由元江流域向红河流域迁徙发展，另一部分则向哀牢山、无量山地域迁徙发展。在迁徙过程中滞留于元江的那部分就成了今天元江哈尼族的先祖。

哈尼族源于古代的氐羌族，是一个古老的民族，同时又是一个跨境而居的国际性民族，主要聚居在中国云南及缅甸、泰国、越

南、老挝等东南亚国家，现有两百多万人口。从哈尼族的传说和史料记载来看，元江是哈尼族南迁过程中的一个重要地点，是各路南迁哈尼族迁徙会合之地。现在居住在元阳、绿春、墨江、江城及西双版纳等地的哈尼族大多是从元江分流南下的。到10世纪，哈尼族已作为一个独立的民族广布在云南南部地区，当时较为集中的聚居地是礼社江、元江流域的哀牢山和无量山中部地区。

元江哈尼族先民落居元江后，在阿波仰者的带领下，大家一起建盖住房，开垦田地，开挖沟渠，经过了一段艰苦卓绝的奋斗历程，过上了六畜兴旺、人丁发达、五谷丰登的甜美日子，元江坝成了哈尼族幸福美满的乐园。阿波仰者过世后，变成一座类人猿的大山，高高矗立在红河岸边，守护着家园，守护着散向四方的子子孙孙，庇护着他们幸福吉祥。这座山就在今元江县羊街乡境内，被当地人尊称为“观音

日出而作

山"，又被形象地称之为"哈尼始祖"。

元江，是古代哈尼族先民南迁后形成哈尼族的初始地，是哈尼族曾经创造辉煌的圣地。哈尼族开拓了人迹罕至的元江坝，并把哈尼族人烟和耕地不断地向四方延伸。如今，无论是元江的哈尼族，还是红河州的哈尼族、普洱市的哈尼族、西双版纳州的哈尼族，甚至是聚居越南、缅甸、老挝、泰国的哈尼族，在他们口传文化中反复提到的"拉沙"或"拉沙密嚓"，都不争地认定"拉沙"（元江）是他们的发源地，他们的祖先是从"拉沙"（元江）历尽千辛万苦才迁徙而来的。

生活在哀牢山区的哈尼族认为，"哈尼"一词是构成强悍、勇猛的词素，"哈"含有强悍、勇猛的意思，"尼"具有"人"的概念；同时，"哈尼"一词还有强悍勇猛的"老虎之子"的含义。"哈尼"这一族称，既体现了远古时代哈尼族先民的图腾观，又反映出哈尼

云雾缭绕的
哈尼山寨

族在漫长的迁徙、繁衍、生息、发展的历史长河中所表现出来的独特个性以及在众多部落群中独树一帜的醒目地位。哈尼族自古至今是一个没有宗教信仰的民族，他们认为万物有灵，所以崇尚万物，是一个多神崇拜和祖先崇拜的图腾崇拜民族。

哈尼族没有文字，但有独特的文化教育传承系统，包括家谱教育、历史文化教育、社会行为规范教育、生产劳动教育等，而且还具有全民性，其教育活动和内容与生产生活密不可分。在茶余饭后、生产劳动、火塘边、节日庆典、宗教祭祀活动中，通过讲述、演唱、示范、言传身教等方式达到教育目的。摩批是哈尼族社会中的知识分子，是知识丰富而受尊重的长者，哈尼族的传统历史、文化、习俗、礼仪以及文学艺术等，主要靠摩批以师徒传承的方式延续保留。哈尼族至今仍然保留着父子连名制的传统，即父亲名字后头的一个字或两个字作为儿子名字的起头字，世世代代连续不断。

元江哈尼族文化艺术绚丽多姿，有神话、传说、诗歌、故事、寓言、童谣、谚语、谜语等。神话、传说中有叙述万物来历的《创世纪》，有讴歌人类战胜洪水、繁衍生息的《洪水记》，有反映哈尼族历史迁移的《哈尼祖先

春耕

过江来》等。元江哈尼族是个喜爱歌舞的民族，乐器主要有二弦、三弦、笛子、响篾、牛皮鼓、唢呐等，舞蹈有“棕扇舞”“三弦舞”“车莫厄”“叫月亮”“色妞妞”等。元江哈尼族至今还保留着“苦扎扎”“十月年”“黄饭节”“祭龙”“长街宴”等民族传统节庆节事活动。元江哈尼族“棕扇舞”于2011年5月被列入“国家非物质文化遗产名录”。

元江哈尼族多居住在半山腰，依山势开垦梯田，依山势建村立寨。原始民居为土墙草顶楼房，以石垫基，以木为柱，土墼砌墙，

哈尼梯田美如画

屋顶铺茅草。楼房有上、中、下三层，下层关牲畜，中层住人，上层存放粮食和堆放瓜菜等杂物。

梯田是哈尼族创造的一部惊世艺术作品，在梯田修建中高度遵循“森林—溪流—村寨—梯田”的四度同构，是人与自然高度协调、可持续发展、良性循环的生态系统，是千百年来哈尼族人民生息繁衍的美丽家园，是哈尼族人民长期生产劳动所形成的智慧结晶。在哈尼族人民的生产和生活中扮演着举足轻重的角色，蕴含着哈尼族历史悠久的优秀传统文化。在元江哈尼梯田中最为有名的是那诺梯田，梯田循坡面连片布置，有大大小小连片梯田2.4万余亩，各片梯田鳞次栉比，从山脚至山顶，埂回沟转，层层叠叠；从山谷溪流中引水顺水沟盘山而下，在层层梯田中自流灌溉。梯田的背景是墨绿色的山林，梯田中间夹杂着大大小小的哈尼族村落。哈尼族村寨绿树成荫，人与自然和谐相处，村在林中，人在村中，形成一幅美不胜收的天然画卷。

经过漫长的艰苦奋斗历程，哈尼族不但战胜了自然，成为主宰大山的民族，而且还将子孙后代繁衍生息到更大、更广的范围，成为分布于国内外的国际性民族。历史证明，哈尼族是我们伟大祖国统一的多民族大家庭中的一个重要成员之一。它具有悠久灿烂的历史文化和不畏艰险、坚韧不拔的斗争传统；它不仅创造了巧夺天工、令世人惊叹的哈尼梯田，还创造了神奇优美、寓意深刻、被列为国家非物质文化遗产的棕扇舞……哈尼族与全国其他各兄弟民族一样，为推动人类社会历史的不断进步和发展做出了自己应有的贡献。

婀娜多姿的
哈尼族妇女

大山的儿女

元江彝族勤劳勇敢，朴实大方，热情好客。他们世代居住在山上，与大山非常亲密，在彝族人心里，大山是养育彝家儿女的摇篮，是彝族的根，彝族人就是大山的儿女。

元江县境内的彝族有四个支系，即聂苏、山苏、仆拉、腊鲁，大多聚居于江东的洼垤、龙潭、甘庄等三个乡镇（街道），少数杂居于东峨等部分乡镇，总人口约五万人，属于元江县三个自治民族之一。由于彝族大多居住在海拔较高的山上，条件比较艰苦，因而造就了他们勤劳勇敢的品质，使他们具备了像大山一样坚韧、包容、宽广的性格和胸怀。古时，彝族人民守林打猎，敬虎如神；伐木建屋，劈山为地；种黍栽豆，辛勤播种；以石当斧，捏土为炊……在四季轮回中一笔一画地谱写着彝家人的生活经纬，世代繁衍生息。

元江彝族在生产生活中创造了自己的文化艺术，这些文化艺术不仅有创世、物种起源、英雄等史诗，还有浩如烟海的习俗歌、情歌、儿歌、叙事长诗及传说故事等。更可贵的是，彝族还创造了自己的文字，并用这种文字撰写了卷帙浩繁的文献典籍。这些文献典籍记录了彝族的生活变迁，反映了彝族的发展历史。在此过程中，彝族的毕摩（贝玛）充分运用其掌握的知识从事民族民间文化传播活动，对彝族文化的传承起到了重大的作用。

元江彝族的食品种类依其居住地区不同而各有差异，一般来说以稻米、苞谷、高粱、马铃薯、南瓜、荞麦等为主食，大多数彝族居住的山区因为天干久旱不能种植蔬菜，所以蔬菜以雨季生长的青菜、白菜、瓜豆类为主。因为栽种蔬菜比较困难，所以彝族养成了制作各种咸菜的习俗，味道以酸辣味为主，色味俱佳。肉食以猪、牛、羊、鸡肉最普遍，大多在节庆时宰杀。彝族好客，喜以畜、禽之首为敬客之物，杀牲食鲜剩余者，用其余肉制成腌肉、干巴等，留存慢用。其所腌制之火腿可存放两三年，闻之味香、食之味美，深受好评。彝族腌制的猪肝、肚杂，是平时招待客人的佳肴。其所处地理环境和生活环境也培养了彝族粗犷豪放的性格，非要

大碗喝酒、大块吃肉，否则不能过瘾，唱出来的敬酒歌都带着热情奔放的豪气，和生活在热坝区的温婉的傣族大不相同。

彝族人生在山上，住在山上，长在山上，所有的生活与大山息息相关。彝族人常说“到哪只山，唱哪山的歌、吃哪山的饭”，说明了彝族人对大山的熟悉和依赖，走到哪座山都可以生活自如，只要在山上，便可处处为家。俗话说“靠山吃山，靠水吃水”，居住在山里的彝族人，靠的当然也是山——到山里劳作，到山上砍柴，到山里放牧，到山里采摘野果、捡菌子、打猎……几乎所有的生产活动，都在山上，大山成了彝族之魂，成了彝族相依为命的栖息地。因为地理环境和地势原因，彝族居住的地方比较干旱，但是彝族人民不惧怕这些困难，他们与天斗、与地斗，艰苦的环境培养了他们坚毅的个性，并在生活中不断克服困难，用双手描绘出美好的生活前景。彝族人在旱地里栽种出来的烤烟与其他水源充足、土地肥美的地方栽种出来的烤烟相比，一点也不逊色。

彝族人民在生产生活中常以开朗乐观的精神面对生活。他们在

1

❶ 美丽的彝家山寨

❷ 跳乐佐

❸ 彝家少女

耕作之外，还有丰富的娱乐生活，发明了许多吹拉弹唱的乐器，如口弦、四弦、笛子等。在彝族的乐器中，四弦最为常用，四弦所弹奏出来的调子简单明快。彝家人有“弹起四弦调，跳起烟盒舞”的说法，只要有人的地方，便会欢跳烟盒舞。烟盒舞的舞种、套路较多，仅聂苏支系就有六十多套舞种，这在全国少数民族舞蹈中也极为罕见。

历史上，由于彝族依赖大山生活，过着自给自足的农耕生活，与外界的联系较少。如今，随着社会的不断发展和进步，尤其是交通的飞速发展，彝族与外界的联系日益频繁。他们便逐步走出了大山，一部分彝族已从高山迁徙到低海拔的平坝区生活，形成了元江各民族相互杂居、融合的现状，促进了民族大团结。

❸

❷

水的民族

傣族是与水最具缘分的民族，自古以来，他们生在水边、长在水边、住在水边，一辈子生活在水乡，所以被称作“水的民族”。

元江境内有108个傣族村寨，有七种不同支系，即傣仲、傣洌、傣雅、傣涨、傣郎、傣卡、傣得，主要居住在澧江、红河、甘庄、曼来、洼垤等乡镇（街道）的热坝地区，总人口3万余人，是元江县的三个自治民族之一。千百年来，傣族人民在元江这块美丽富饶的大地上，与其他兄弟民族一道共同创造了元江多元民族文化；同时，也在始终坚守自己的精神家园，极力传承和弘扬自己的传统民族文化。

正月蒙面情歌节和五月花街节，是元江傣族的重要传统节日。节日期间，人们敲响牛皮鼓，跳起雄狮舞，拴红线、洒吉祥水，互相祝福；年轻人则对唱情歌、吃秧箩饭、抛绣球、送定情物。来自各村各寨七种不同支系的傣家小卜少，身穿各具特色的七彩服装，多姿多彩，风情万种，在舞台上竞相展示歌舞，相互比美；情歌、小调、三弦、民族风情演绎精彩纷呈，美不胜收。

傣族是一个“水的民族”，是与水最具缘分的一个民族，自古以来，他们生在水边、长在水边、住在水边，一辈子生活在水乡。有句傣族谚语说：“泡沫跟着波浪漂，傣家人跟着流水走。”在傣族心目中，水是孕育万物的乳汁，是生命的血源。傣族人认为水不仅有饮用、洗涤、航运、灌溉等功能，还具有养育世间万物的作用。水在傣族人生活中占有极其重要的地位，在傣族法典中就曾规定：“建勐（即寨子）要有千条河。”可见丰富的水源，是傣族人选址、建寨、定居最重要的条件之一。傣族谚语中也有这样的说法：“寨前渔，寨后猎，依山傍水把寨立”，“无山不狩猎，无河不建寨”，这些都道出了水对傣族生活的重要性。

傣族对水的依恋，与其风俗习惯和地理、气候、环境有着密切的关系。按照风俗，傣族人过春节时，要举行沐浴、泼水、划龙舟等活动，这都离不开水。元江傣族对水的敬畏

和崇拜，是十分虔诚的。可以说在他们的生活里，一时一刻也离不开水，如果没有水，那就不是傣族人的生活。

傣族的语言温润、性格温柔、态度温和、举止温文尔雅、家庭和睦等，都与水的特性相似。就连傣族男人，也像水一样的温顺。

傣族女人嗜水如命，没有哪一个民族比她们更喜欢亲近水了。在傣族村寨，村村寨寨旁边都有一股清泉潺潺流淌，家家户户门前都有一眼清澈见底的水井。早晨起床，傣族女人所做的第一件事便是沐浴，她们来到水边慢慢地将乌黑的长发散开，轻轻地将长长的筒裙缓缓提高，再一一解开，露出华美的肌肤，赤脚站在水边。然后用木桶将清凉的泉水打上来，哗啦啦地从头淋到脚下，瞬间湿透，那是傣族女人一天中最舒服、最爽快、最享受的一刻。傣族女人一天辛勤劳作回家后，临睡前的最后一件事，也是沐浴。月光下

泉水淙淙，凤尾竹轻轻摇摆，少女修长滑嫩的肌肤与水的交融，犹如天星下凡、仙女沐浴，朦胧中令人遐想无边。

亚热带的高温，迫使生活在元江热坝的人们要一日多浴，尤其是那些喜欢水的傣族女人，她们喜欢洁净。在她们身上到处都有水一样清洁灵秀的气质，包括她们的衣着打扮、服饰，像开屏的孔雀，五彩缤纷，令人叹为观止。

每当黄昏初上，斜阳西下，红河岸边随处可见傣族妇女戏水的身影。一群群身材窈窕、腰身丰盈的小卜少和比郎们，轻轻地剥下一笼筒裙作为蔽体，那美丽的身躯被江水一浇，优美的曲线毕露无余，加上飘逸的长发，那玲珑的躯体在江水中衬上夕阳的金黄、远山的青黛，更是一幅令人窒息的写真画……

傣家人离不开水，水永远跟着人流动。就连做饭、洗菜、洗衣服，在泉水边、水井边也是一盆盆一桶桶地洗，水满满地溢出来，溢到脚踝小腿间，湿透了半截裙子。秀发挡住了视线，顺手就着湿漉漉的俏手轻轻拂一拂，那个清凉秀美，那个优美动感，连旁边人看着都心情舒畅……傣家人的生活之美，溢满心田。

❶ 芒果林中的盛宴

❷ 花枝招展的傣家小卜少

崇尚礼仪的民族

元江白族是一个具有勤劳朴实、睦邻友好、热情好客、知书识礼、尊老爱幼之良好道德风尚的民族，他们崇尚礼仪，遵从美德，其尊师重教、重视教育之良好习俗有口皆碑，历来为元江社会各界人士所称道。

元江白族是一个知书识礼、勤耕善织、尊老爱幼的民族，集中居住在因远镇的因远、安仁、安定、北泽、沙铺、奔扛等 9 个自然村，总人口 6000 余人。据史料记载，元江境内的白族是由居住在苍山、洱海之间的大理白族先民因战事、经商等原因迁入。今因远村南、北各一里许的“系马桩”“南岳庙古柏”和“倒栽树”等古物，相传就是古代白族驻师牧马的文物标志。

元江白族素有“不求金玉装满柜，但愿儿孙个个贤”的传统价值观念。从古到今，其崇尚知识、重视教育之习俗为历代元江人所称道。历史上，因远白族不乏清贫寡妇帮工借钱也要设法供子女读书盼子成才的事例；现实生活中，也有父母帮工挣钱、节衣缩食供子女上学的事例。尊师重教在白族地区蔚然成风，村民对严格施教于学生的教师十分爱戴和敬重，参加工作也以当教师为荣。从晚清至今，元江白族中曾出现过不少一家数代执教的“教育世家”。

白族舞龙队

孝老爱亲是白族的传统美德。在白族村寨，尊敬长辈、孝敬父母、爱护子女的风尚较好，夫妻、婆媳、姑嫂、妯娌之间的关系，也比较融洽。旧时，如子女有忤逆不孝行为，族长有权召开家族会议，按乡规族约进行处理。有些村寨至今保留着农历三月召开全村老少参加的“子孙会”之传统，其主题以教育青年一代尊老爱幼、团结和睦为主。白族人见到老人都会主动打招呼、问候、让道、让座、端茶、递烟；起床后的第一杯早茶要先敬给老人；在老人面前不说脏话，不跷二郎腿。

这些优良的传统，现在依然得到了很好的继承发扬，尊老爱幼、团结互助已蔚然成风。许多村寨集资组织老年协会、开办托儿所，做到老有所养、幼有所托。许多地方为老人建盖“益寿堂”，逢年过节慰问老人，并主动为鳏寡老人办理丧事，许多客居他乡、在外工作的离退休干部也乐于回来安度晚年。

白族热情好客，先客后主是白族待客的礼节。家中来了客人，必以酒、茶招待，著名的“三道茶”就是白族的待客

❶ 元江白族洞经音乐在云南首届白族洞经古乐展演会上表演

❷ 白族文化展演

礼。白族人倒茶一般只倒半杯，倒酒则需满杯，他们认为“酒满敬人，茶满欺人”。喝酒时白族人很文雅，通常是各自随意饮酒，不会强行劝客人喝酒。白族人就餐很讲礼仪，一般要让长辈、客人坐在上席，晚辈依次坐在两旁或下席位，并随时要为长辈和客人添饭加汤，热情侍候。

白族人家的火塘是个神圣的地方，忌讳向火塘内吐口水，禁止从火塘上跨过；白族人家的门槛也忌讳坐人；男人所用的工具，忌妇女从上面跨过；家庭内忌讳戴着孝帕的人进入，认为这样会给家庭带来不吉利。白族在对人的称谓前喜欢加个“阿”字表示亲切和尊敬。白族访友或探病时一般不选择在上午；到农村遇到主人家有人分娩或有重病人时，进屋时必须谨慎。

尽管白族村民以艰苦朴素、勤俭持家著称，但对修桥铺路、挖沟引水、集资办学、救灾济穷等社会公益之事却从不吝啬，而是热心相助、慷慨解囊。

奇风异俗 别样风情

不同的民族不同的风情，多种奇特的民族风情交织在元江，呈现出一幅多姿多彩的民族生活画卷。

一、哈尼族“哭嫁歌”

“哭嫁歌”是哈尼姑娘出嫁之前吟唱的一种传统民歌，哈尼姑娘用“哭唱”这种特殊的方式来表达对父母养育之恩的感谢和对兄弟姐妹的留恋之情。在大喜的婚礼上唱“哭嫁歌”是哈尼族的一种奇特风俗，有趣而别有风情。

哈尼族传统的“哭嫁歌”是哈尼姑娘在出嫁前夕和接亲队伍到来之时吟唱的一种传统民歌，是新娘子出嫁时倾吐肺腑之言、表达感情的一种有效形式。这种特殊的歌，境由心造、歌随情生，没有固定的唱词，但曲调一致，其唱词多半是相互安慰、诉说情感的内容。按传统习俗，姑娘哭得越伤心，说明与父母和兄弟姊妹之间的感情越深，舍不得离开家门和亲人的感情越重。唱“哭嫁歌”时，新娘由同村的小伙

哈尼族婚俗——迎亲

伴陪同，常常是新娘伤心的哭唱感动了小伙伴，小伙伴也随之加入哭唱之列；随后，还有兄长怕妹妹哭坏身体而加入进哭唱队伍来相劝的“劝哭歌”。

“哭嫁歌”曲调深沉，听起来较忧伤、低落。那会不会让前来道喜的宾客感到不安、悲伤呢？这个担心是多余的，“哭嫁歌”不但不会让宾客不安和悲伤，反而会使婚宴增加了更加浓重的气氛和色彩，丰富了婚礼的内涵。按照传统习俗，哈尼族的婚礼上就需要有这样的仪式、有这样的哭声。只有这样的哭声，才能表现出这个婚礼隆重、体面、有排场。否则，就会遭人耻笑，甚至引发新娘之父母教育无方或说新娘无孝心等流言蜚语。

“哭嫁歌”是元江哈尼族歌唱活动中的一种重要表现形式，是哈尼族姑娘出嫁时唱的一种婚俗歌。“哭嫁歌”中的“哭”有几种含义：一种是被父母包办的婚姻，姑娘不喜欢嫁而哭泣的“哭嫁歌”，这种“哭嫁歌”是真“哭”，是因内心不乐而伤心地“哭”。另一种是自由恋爱的婚姻，姑娘高兴但又依恋家乡父老而唱的歌，这种“哭嫁歌”是假“哭”，是因为民族规矩或者说是传统教育在起作用。还有一种是依恋家乡从小一起玩乐、一起成长的同伴好友

哈尼族婚俗——背新郎新娘

❶ 哈尼族婚俗——吟唱“哭嫁歌”

❷ 哈尼族婚俗——新娘新郎向宗族老人敬喜酒

而唱的“哭嫁歌”，这也是真“哭”。

哈尼族“哭嫁歌”的吟唱分两个阶段，分别在婚礼期间的不同时间和地点。第一次是在迎亲的头天晚上，新娘与伙伴们叙旧时哭的；第二次是在迎亲的当天，当迎亲队伍到来时哭的。当新郎家的迎亲队伍到来时，由新娘及伙伴们组成的“哭嫁歌”吟唱队伍，把新娘围在中间，相互拥抱起来，低着头，由小而大的哭声随即传开来。此时，新郎的迎亲队伍要抢亲（抢新娘），而新娘的伙伴故意不让抢到，把新娘紧紧围抱在中间，在这你抢我拦的过程中，“哭嫁歌”活动进入高潮。此时此刻，新娘和伙伴们的歌声变得清脆嘹亮、忧伤动情，哭出了心声，哭出了情感，表现出新娘如同三岁的小孩被别人从母亲怀里夺走之感。同时将新娘就要离别父母及兄弟姐妹之情、新娘与伙伴们依依不舍之意表现得淋漓尽致。旁人听了，为之动容，催人泪下。在这难分难舍的情景中，通过同宗兄长协助相劝，新郎一方才能抢到自己的新娘，“哭嫁歌”活动便稍事停歇，婚礼转入下一个仪式。

元江哈尼族支系较多，婚礼中大多都有“哭嫁”的习俗，“哭嫁歌”的形式虽然有些不同，但所表达的情

感是相同的。这种历史悠久的奇特婚嫁习俗，在哈尼族传统文化中因其形式独特、内容丰富、内涵深奥而被列为典型之列。

二、奇特的“九祭献”

“九祭献”活动中举行的全民性娱乐项目——与寨神共舞

“九祭献”是元江哈尼族梭比支系的一种非常神秘而奇特的民俗活动，其中融入了哈尼族对生命崇拜的虔诚情感，是一部哈尼族发展史诗，它独特的文化内涵和表现形式极具民族学研究价值。

“九祭献”是元江哈尼族梭比支系的一种非常独特而又十分隆重的“祭龙”活动。哈尼族梭比支系聚居在元江县城西南、清水河东岸山梁上，含浦贵、浦海、施通、新寨、玉嘎、各珠六个自然村，语言与周围的阿梭、糯比、白宏、豪尼支系大同小异，但其声乐、舞蹈、服饰、习俗却独具特色而引人注目。

传说浦海、浦贵、施通是由哈尼族梭比支系的三个兄弟分家另立门户发展而来的自然村，村名也是以三兄弟名字命名的。按照当时的习俗，三个村均保持着“祭龙”的传统，但在时间和内容上有所差异。在漫长的社会历史发展演变中，浦海和施通的“祭龙”活动慢慢淡化并终止，只有浦贵村仍保持着古老的传统习俗、举行着各种祭祀活动。

浦贵村位于元江县西南面，地处元江支流清水河上段，隶属于元江县因远镇辖区。“九祭献”在哈尼语中称为“归基吐”，“归”即九，“基”即龙，“吐”即祭献。20世纪50年代，“九祭献”曾一度中断失传，直至90年代初才得以恢复。“九祭献”分为三种类型，即：每年一小祭，为期3天；每3年一中祭，为期5天；每9年一大祭，为期7天。

9年一次、历时7天的“九祭献”活动，按其程序每天均有不同的活动内容，它包括每年一次祭小龙3天的活动内容和3年一次祭中龙5天的活动内容。整个活动共有9大段落26个内容。所以，此活动规模大、时间长、内容丰富、形式多样，观赏性强，引人入胜。假如你从始至终观赏其整个活动过程，你就能体会到如同观看了一场民族民间原生态并带有戏剧性、神话性的大型艺术片的感觉。

“九祭献”活动中举行的奇特求福仪式

“九祭献”中表演的歌舞主要是靠祖辈口述相传，其内容大多是表现哈尼族生活场景和劳动场景的。每次祭祀都在农历二月的第一个辰龙日开始。祭祀程序和礼仪共有九大内容，即：“咕哧哧涡”（意为围着寨子走一圈，举行祭祀前的祭献仪式），“阿奴才咋”（意为农耕稻作，在生产劳动中猎捕祭献神灵和祖宗的祭祀品），“阿波门祖”（意为爷爷莫害羞，主要表现哈尼族祖先在迁徙途中碰到的艰难险阻，突出生殖崇拜的内容），“果多撒咋”（即出工做活，反映男女婚配择偶的过程，以及夫妻同劳动、恩爱过日子的吃苦耐劳精神），“阿尼托咋”（即表现生儿育女的过程，传授传宗接代的常识），“阿腊搓”（意为屋外跳乐，展示哈尼人聚会狂欢、集体歌舞和自由择偶过程），“哈咪那哈咋”（即找媳妇，表现自由恋爱，自由择偶过程），“阿认皮”（意为讨鲜花，表现已婚未育的夫妇要向品德好、儿女齐全的夫妇乞讨鲜花，象征他们未来的儿女就像鲜花一样美丽可爱、聪明伶俐），“咋则把涡啦”（即把桌子收回来，这是“九祭献”的收场仪式，由龙头向祭桌叩拜，向祖先告别，祈祷风调雨顺、五谷丰登、人畜平安，按照祭祀活动的开始方式进行）。在整个“九祭献”活动中，扇子、唢呐、锣鼓、木祖、竹马、农具、竹碗、竹杯、篾桌、篾帽、长把葫芦瓢等器具起着非常重要的作用，独具地方特色。

“九祭献”活动历史悠久，它有许多严格的禁忌和一套完整的程序，是在古老的傩祭、傩舞基础上，加入吟唱、扇舞等传统歌舞，以独特的方式传播哈尼人的迁徙历程、生产生活、农耕稻作、谈情说爱、生儿育女等知识，融入了哈尼族对生命崇拜的虔诚情感。“九祭献”是一部讲述哈尼族发展历程的史诗，它独特的文化内涵和表现形式极富民族学研究价值。

“九祭献”这一独具特色的民俗活动，在20世纪90年代开始引起重视并得到恢复，至今每年都正常开展活动，从未间断。活动期间，群众参与积极性极高，全村男女老少及本村在外人员、务工人员都全部回家参与活动，舞蹈场面巨大，全体村民身着传统民族节日盛装、手持扇子等道具参与舞蹈，从刚刚学会走路的孩童到老态龙钟的老人无一例外地参与其中。祭祀者身着白衣赤足祭祀，类似和声的吆喝声，手持长把葫芦瓢、头戴桐油篾帽的哈尼汉子，全村男女老少自由参与、边走边舞的盛大场面，近似朝鲜族、日本大

“九祭献”活动中举行的接寨神进村仪式

和民族的服饰舞蹈……无不令观光者为之感到震撼与惊叹。

元江哈尼族梭比支系长期以梯田稻作为母体，不仅产生了丰富的物质生活，还孕育出了多姿多彩的原始宗教文化，积累了丰富的人与自然和谐相处的经验，掌握了大量自然规律、生产知识和一套行之有效的农事历法。并将这些知识和经验通过“九祭献”这种特殊的祭祀方式传达到族人心中，以此延伸本民族的文化、规范人们的思想行为和农耕节令，这在其他哈尼族各支系中实属罕见。

元江浦贵一带自古就是哈尼族聚集区域，由于这里交通闭塞、缺乏与外界文化交流的条件，才使这个原生态的“九祭献”得以系统地保留和传承下来。“九祭献”是集自然崇拜、祖先崇拜、原始崇拜、音乐舞蹈和人物讲白于一体的独特民间文艺，其文化和学术研究价值十分巨大。

在“九祭献”活动期间，老一辈唱起“九祭献”歌、跳起“九祭献”舞，在充满神秘色彩和浪漫情调的歌舞中向青年一代传授地理、礼法、节气、种植等知识，并在歌舞等形式中反映出哈尼族艰难迁徙、农耕稻作、谈情说爱、生儿育女等内容，表达出哈尼人顽强的生存意识、虔诚的宗教情结和对生命的无限崇拜。

现在，“九祭献”活动一年比一年隆重，丰富多彩的内容、独特的活动形式、神秘的民族传统文化色彩，吸引了不少的同族或外来宾客参与活动。“九祭献”保留完整，内容丰富，表现形式多样，涵盖多种艺术门类，为打造特色民族文化品牌提供了难得的鲜活题材，对研究哈尼族传统文化和哈尼族发展历史具有十分宝贵的史料价值，很值得认真保护和传承发展。

三、彝族新年

十月是一个丰收的季节，也是元江彝族人民狂欢庆祝的时节，所有的庄稼都收拢归仓，厩里的肥猪正在等宰，弹起四弦唱起歌，弹起烟盒跳起舞，大家一起来过年。

元江彝族称彝族年为“库斯”，“库”即年，“斯”即新，连起来就是新年的意思。“库斯”是元江彝族传统的祭祀兼庆贺性节日。

在元江彝族地区，一般在农历十月左右过彝族年，此传统习俗来源于彝族十月太阳历。十月太阳历是彝族先民创制的一种特殊的历法，按照这种历法，每年十个月，每月三十六天，共三百六十天，另外有五至六天过年日。这种历法无大小月之分，每月都为三十六天，便于人们记忆。一些专家学者认为，现在彝族地区流行的火把节和彝族年两个节日最初就是根据太阳历制定的。当北斗星的斗柄指上时为大暑，大暑之日即为火把节，而当北斗星的斗柄指下时为大寒，此时即为彝族年。

彝族年为期三天，过年第一天叫“库斯”，头夜称“觉罗基”，第二天称“朵博”，第三天称“阿普机”。“觉罗基”意为全家团聚，或杀猪，或杀鸡，庆贺当年人丁兴旺，来年吉祥安康。“库斯”意为新年，主要内容是祭祖，早晨鸡叫后，全村就要宰杀年猪，年猪要从同村同寨的年长或德高望重的人家开始，依次序宰杀。用年猪的胆、胰、尿泡占卜主人家的吉凶，以猪胆饱满色泽好、胰平展无缺陷、尿泡丰满为吉祥，预示着来年人畜兴旺、家人安康、粮食丰收。同时，分“舍富”“舍民”两餐吃饭。“舍富”主要是祭奠祖先，取猪肾、肝、舌、胰与荞粑一同煮熟，敬奉祖先；“舍民”是全家人吃集体餐。吃完“舍民”后，男子们要将猪肉切成条块，妇女们则要灌制好香肠，当天要将鲜肉和香肠挂在火塘上烤烤，以展示主人家的年猪肥、人吉祥，显示主人家富裕。“朵博”，即新年第二天，早晨鸡一叫，主人就要起床做三鲜汤（即将猪心肺捣烂，放在锅里熬出来后，放入水，再加入豆芽、鲜竹笋、干竹笋，做成三鲜汤），全家人起床后就喝此美味汤。上午，由妇女组织孩子祭奠果树，即“社日”仪式。每个孩子要带猪前蹄及玉米粑粑等，选一棵长势丰茂的果树，由孩子上树伴树神，孩子们在妇女的带领下祈求果树多结果，让孩子们分享，保佑孩子们健康成长，然后将孩

子们带来的肉切成小块放在树丫或树皮中。“社日”结束后是拜年，彝族年的拜年场面壮观热闹，一般数十人一组，从整个寨子挨家挨户拜年。拜年时主人家端上酒水，让大家喝；同时，拜年队伍还要为主人家唱贺年歌，年轻人跳舞、摔跤、跳锅庄，大家不分彼此，不分亲疏，一起快乐到通宵。

生活在元江境内的彝族，过年的时间不完全相同，有先后之分。对此有一个这样的传说：古时候，元江境内的彝族是由一个叫方召的土司官管辖，每逢过年，彝家山寨的各家各户都得将自家宰杀的牲口当贡品进贡给他。因为贡品太多，一时腌制不完，他就把过年的时间按地域做了如下安排：洼垤一带安排在冬月二十四日，龙潭一带安排在腊月十三日，朋程一带安排在腊月二十四日，青龙一带安排他们同汉族一道过春节。虽然现在土司已不存在，老百姓也不再上贡，但

与众不同的煺毛方法

❶ 腌火腿、装香肠

❷ 特制的过年礼包

❷

❶

是，不同区域内的彝族按不同时间过年的这个风俗却一直延续至今。

过年期间，从前有献祭天地、祖先、灶神、厩神和门神的习俗，但现在多为供奉祖先。就是在杀猪吃饭的时候，要在堂屋的供桌上摆上家里的各类食物、酒水，对祖先进行拜祭，祈求祖先保佑施福，同时祝福祖先在另一个世界安好自在。节日期间各家各户的天井里要栽一棵小松树，门外要插松枝，喻意神明保佑，希望主人家能够四季常青、万事如意。

彝族过年期间，人们不再干活，尽情吃喝、玩乐。年节里，家家户户杀猪宰鸡，烹制美味佳肴；男女老少身着节日盛装，相互探亲访友；宴请附近的其他民族亲友，畅谈农事生产，交流生活经验，共叙友情；青年男女们到附近的空旷场上尽情娱乐，欢跳烟盒舞，边跳边唱，渲染出浓浓的一片节日气氛。

四、傣族拴红线

在元江，逢年过节到傣家，一般会受到这样的一种礼节：年长的傣伢（老人）会拿出红线拴在你的手上，为你祈福，保佑你平安吉祥。

在50多年前的1961年4月13日，正值傣历1323年新年的泼水节，周恩来总理与缅甸吴努总理相约到景洪会见并与西双版纳各族人民一起联欢时，寺院的老佛爷依照傣族宗教习俗在他俩的手腕上拴上红线。从此，这个历史性的记录和生动感人的画面，被永远定格在世界民族文化史的画卷上，让全世界都知道了傣族拴红线的传统习俗。

拴红线是傣族自古以来的一个传统习俗，傣语把拴红线叫作“喊欢”或“扑媒欢”，“欢”就是魂，大概就是把魂拴住、不让它离身的意思。但针对不同的场合、不同的对象，还有不同的解释和用意。

拴红线送吉祥

拴红线，最早的起源应当从原始宗教说起，因为在小乘佛教没有进入傣族地区以前，整个傣民族都是信奉“万物有灵”的原始宗教，认为世间万物都有生命、有灵魂，相信“灵魂不死”之说。而红线象征太阳光芒四射和强大的生命力，于是孩子过生日要拴红线，让老天保佑他们平平安安、健健康康成长；结婚时要拴红线，把新郎新娘的魂拴在一起，祝福他们姻缘美满，日子过得红红火火；过年过节要拴红线，表示祝福和吉祥如意；外出远门要拴红线，让老天保佑出行者平平当当、顺顺利利；探望病人要拴红线，以消灾辟邪、祛除病痛，祝愿早日康复……这都是祈求上天保佑人们得以生生不息、平平安安、健健康康的美好愿望和相互祝福、表达爱意的一种方式，应当得到理解和尊重。

如果说传统的风俗带有一定的宗教色彩，那么几经演变，发展到现代文明时代的拴红线风俗，其实就是一个民族的文明礼仪。所以，凡是到傣族地方所看见的洒吉祥水、拴红线等风俗，其实都是一种礼仪，与藏族、蒙古族对客人敬献“哈达”是一样的道理。文明礼仪，不仅是个人素质、教养的体现，也是个人道德和社会公德的体现，更是一个城市、一个地方、一个民族和一个国家的脸面。因此，讲文明、用礼仪，也是弘扬民族文化、展示民族精神的一种重要方式和途径，理当推崇。

五、白族“三月会”

大理有个“三月三”，因远有个“三月会”，一样的三月，不一样的感觉，让我们踏着三月的春风，闻着春茶的清香，一同去赴这个白族的盛会吧。

春雨洗净铅华，米酒酿出祝福。“三月会”是元江因远白族人最隆重的节日之一。“三月会”又称“天子会”“团圆会”，历时 7 天，固定于每年农历三月十八日至二十四日举行庆典活动。节日期间，各村寨都要表演精彩的耍狮子、龙灯、蚌壳灯及扮八仙等文化娱乐活动，通宵达旦，热闹非凡。

“三月会”是白族人民世袭的传统节日，白族主要信奉“本主佛教、祖先等。“三月会”主要内容是供奉、祭祀“本主”的迎神赛会，具有两个人文特征：一是在外地经商、做工的乡亲必须在会前赶回乡与家人团聚；二是春耕农忙前夕，白族村寨商议村务、“开秧门”等重要农事。节日的最后一天清早，宰杀肥猪作为“祭肉”，凡是白族村民，前来“行宫”内捐“功德”的同时，就领一点“祭肉”回家，煮后全家老少分享，借此增强白族人民的凝聚力、亲和力。

白族是元江因远主要世居民族之一，其历史可追溯至一千多年前，民族文化悠久、底蕴丰厚。在与大理、昆明西

❶ 欢快热闹的元江白族“三月会”

❷ “三月会”上的白族洞经音乐表演

山等地白族有着密切联系的同时，还保存了较为完整的民族语言、文化传统、风俗习惯和宗教信仰，享有“民淳地秀”“俗尚敦厚”“文治光华”的美誉。

为展示因远白族的民族文化特色，谋求文化、旅游、经贸等快速发展，聪明的白族人以“三月会”为契机，举行大型民族风俗文化展演、白族洞经古乐欣赏、诗书画摄影展和参观古柏树、张家陵园、元生艺术馆等活动，并在因远街上开辟了“米干一条街”，以此影响并传承因远白族文化，推动白族经济发展。

在“米干一条街”上，游客们不仅能品尝到正宗的白族传统手工米干，还能亲眼看到手工制作米干的过程，并从白族饮食中感受到古朴、浓郁的因远白族文化。

高抬轿子迎天子

民族歌舞多姿多彩

元江县民族众多，各民族能歌善舞，民族歌舞多姿多彩。“会走路就会跳舞，会说话就会唱歌”这句话很形象地道出了元江民族歌舞的丰富多彩。走进元江，这些绚丽多彩的传统民族歌舞将为你带来不一样的风情盛宴。

一、哈尼族棕扇舞

棕扇舞是元江哈尼族最具特色和代表性的一种传统民间舞蹈。它是哈尼族民间文化艺术在众多文化层面的集中表现，是哈尼族传统文化的重要载体和传承形式，已被列入国家级非物质文化遗产名录，成为玉溪市唯一的少数民族传统舞蹈类国家级非物质文化遗产。

棕扇舞在许多重大活动中非常盛行。它是哈尼族在漫长的历史发展中创造的，它起源于哈尼族古代图腾崇拜的祭祀舞蹈，它的产生与本民族古代传统文化的渊源息息相关。

在元江哈尼族民间有这么一个传说：哈尼族先祖从滇池一带迁徙到哀牢山不久，遭受了一场瘟疫侵害，已濒临灭亡。在这紧要关头，天上的天神看到了此情景，便从天宫来到凡间，天神用棕叶扇到哈尼村寨扇了扇，瘟疫消除了，哈尼人得救了。消灭了瘟疫后，天神把一对扇子插在了哀牢山上，不久，那两把扇子就长成了棕树。后来，人们一旦生了病，聪明的“摩批”就用棕叶制作成扇子在人身上扇一扇，并口念词语祈祷。之后，这样的活动也就在哈尼族居住地传遍开来，并蔓延四方，代代相传。由此，哈尼族认为棕树是哈尼山寨的保护神，棕扇具有驱除瘟疫及护佑哈尼人吉祥安康、五谷丰登、六畜兴旺的作用，它可以作为人神沟通的媒介而被哈尼人世代所崇拜。

从民间故事中可以看出，哈尼族应用棕扇的历史很久远，并且普遍用于祭祀活动，从而证实了棕扇舞与哈尼族的生产生活息息相关，也证实了棕扇舞起源于古代祭祀活动。

居住在大山里的哈尼族，每逢农历二月属牛或属虎日，妇女们都要去“神树”下悼念先祖，其活动内容就是跳棕扇

舞，以此纪念这种先祖传授下来的舞蹈，使之世代相传。

通过传承，棕扇舞已从原始的祭礼性舞蹈中得到发展，舞蹈者双手持着棕扇，双脚配合，模拟鸟飞翔、猴子掰苞谷、老鹰叼小鸡、老熊走路等形态。这时的棕扇舞，已经具有祭祀和娱乐观赏的双重功能。

由于棕扇舞动作不断地丰富和完善，深得哈尼族男女老幼的喜爱，并得到了广泛普及，传统中以祭祀为主、扇舞为辅的方式得到了逆转。这种转变，说明棕扇舞在民间广泛流传，已形成一种民族精神的象征，其表演技能也达到了一定的艺术水平，增强了其表演性。

棕扇舞的舞蹈动作多为模拟飞禽走兽，既动手又动脚，在扭动身体的同时目光也要随着扇子的移动而飘移，运动量也特别大，每一个舞蹈动作的变化与整个躯体的配合均有一致性。也就是说，手脚与身体之间没有不动的部位，讲究整体协调，这就是棕扇舞有别于其他舞种的一种特性。

棕扇舞一般以牛皮鼓、铓、钹等打击乐伴奏，也可无伴奏起舞。舞蹈动作可大可小，依据舞者个人的体力决定，动作快慢以鼓点节奏决定，没有严格的队形，人数亦可多可少，男女老少可自由加入，也可自由退出，自娱自乐的特点很突出。

❶ 人小技高舞姿美

❷ 从小学习传统舞

棕扇舞主要伴奏乐器牛皮鼓

哈尼族是一个“会走路就会跳舞，会说话就会唱歌”的民族，哈尼族从小就喜爱跳舞，棕扇舞伴随每个哈尼族儿女成长，终身不离。棕扇舞简单易学，跳起来开心快乐，活泼健康，深得人们青睐。当今，棕扇舞已为哈尼人生活中必不可少的社交活动之一。

在节庆活动中，一般由身着绸缎长袍的长老双手持棕扇首先翩翩起舞，他是众人的领舞者，也是传承高超舞艺的老师。锣鼓敲起来，唢呐吹起来，在长老的引领下，小辈们围着长老舞动起来，他们目光注视着长老的表演，模拟着长老的动作边跳边学，越跳越起劲，越跳越开心。在舞蹈过程中，年轻小伙子、小姑娘们还有大显身手的机会，尤其是小伙子们尽兴时，喜欢表演高难度的动作，若是单人则表演“老熊走路”“鹞子（雀鹰）翻身”“蜻蜓点水”等；若是双人则表演“老熊穿袄”“猴子坐腰”“公鸡对峙”“猴子掰苞谷”

等动作。此时，姑娘们自然而然地会与小伙子们伴舞，舞蹈动作轻柔飘逸，以示赞赏和鼓励，这种表演形式非常自然协调，从来没有刻意安排，完全是一种自然的默契。小伙子们表演完之后，回到休闲舞步中。此时，由姑娘们拿出绝活的时候到了，姑娘表演的是斗脚舞、勾脚舞，其表演方式为双人相对，单脚跳、单脚勾，正勾、反勾、正身、侧身、转身等动作。这种表演难度非常大，每一个节拍都要跳，每一个节拍都要变化，还要保持身体的平衡，不得出现半点失控，否则，会引人取笑。青年男女在轮流表演时，长辈领舞者会加以伴唱，其歌声嘹亮、抒情悠扬、悦耳动听。年轻舞者每一个高难度动作的出现，都会引发观众热烈的掌声和高亢的赞赏呐喊声，此时，棕扇舞进入最热烈的高潮之中。

哈尼族最喜爱棕扇舞，他们把它视为神圣的舞、吉祥的舞，在每个大大小小的节日上都要跳棕扇舞，尤其是在哈尼“十月年”期间，棕扇舞是必不可少的“重头戏”。棕扇舞在给人以美感的同时，淋漓尽致地表现了哈尼人民崇尚自然的博大情怀，表达了哈尼人民对美好幸福生活的向往和追求。

二、彝族烟盒舞

❶ 棕扇传承民族魂

❷ 棕扇舞伴奏乐器唢呐

一个神奇的小盒子，是舞蹈道具，也是生活道具；烟盒在手上翻飞，像一朵朵鲜花飘荡在舞场周围……在元江，人们爱跳舞，只要四弦轻轻弹起，烟盒舞便畅快地跳起来了。

烟盒舞，彝族人的舞蹈，2006 年被评为世界非物质文化遗产。元江县拥有五万多彝族人口，所以在元江县洼垤乡、龙潭乡的许多彝族村寨也十分盛行跳烟盒舞。无论是否为节庆日，元江县城的太阳城广场一带，每天傍晚均能看到众多跳烟盒舞的身影，好一派热闹的景象。

烟盒舞之所以称为烟盒舞，主要因为其舞蹈的表演形式是舞者的手中绝不能缺少烟盒。据说，早期时候，这个盒子是专门用来装烟的。有一次，在一旁观舞的一个彝族老乡过足烟瘾后，随手把烟丝从盒中取走，用盒弹着节奏感强的声响，步入跳舞的行列中，瞬间就享受到了舞蹈的欢乐。此后，大家发现这东西颇具实惠和方便，于是跳舞时常备于身。随着时间的推移，烟盒逐渐演变发展成为一种舞蹈道具。烟盒大多采用木或竹片用胶黏接而成，形同一个拳头般大小的圆

柱体，用时可分成两份，不用时可合拢为一份，携带方便。简单的烟盒外表层用红漆浸染，而有的烟盒周圈则饰上用红色或黄色的丝线做成的流苏，很显精致和好看。在“三弦”音的伴奏下，舞者两手各执一半烟盒翩然挥舞，一个个烟盒就好像一朵朵红色的鲜花在舞场周围飘荡，美丽极了。

虽同为彝族的烟盒舞，但元江的烟盒舞自成一派、独具一格。它与邻县石屏、新平、峨山等地彝族跳的烟盒舞相比有较大差异，别有风趣。如果不亲临观看，就寻找不到不一样的地域不一样的风采感觉。

元江烟盒舞的特点，就是音乐调子多。音乐主要由弹“三弦”、吹笛子、烟盒拍击或短小口唱的调子构成，以三弦声为主，其他声响为辅。整个舞蹈团队的动作，均以三弦的音乐带头弹奏而舞动，以三弦旋律变化而变化。有一至两个三弦手，一个笛子伴奏者，加上众多烟盒手，就可以组成一个大型的舞蹈团队。

音乐调子多，就意味着烟盒舞的步形、脚法多，但它们大多简单、易学，现学现会。三弦琴音，节奏有快有慢，也有快慢结合的；烟盒舞的舞步队形也随之有快慢的变化。按人数多少来分，有独舞，有对舞，有三至四人的，有十几人的，更有大众化上百人围成几个圆圈的舞形。一般按逆时针方向进行移步。只要三弦声弹奏起来，彝族调子吼起来，“啪、啪、啪、啪——”强有力的烟盒拍击声就会响彻舞场上空，吸引围观的路人也围成圈参与其中，随明快的节奏舞动起来。此时，连没有舞蹈细胞的观者，手中虽无烟盒，也要和着三弦音，拍击着手掌，凑上去学着跺上几脚，释放心中无限激情，尽情享受彝族烟盒舞的快乐。

彝族烟盒舞表演队

元江烟盒舞，像《跳乐作》《跳三弦》《乐佐吧》《啊依噻》《阿哥阿妹该该》等舞蹈较为出名。目前，围绕这几个调还衍生出了好多舞蹈作品。烟盒舞动作时而轻柔曼妙，时而刚劲粗犷，时而慢，时而快，身体各部位肌肉都能得到锻炼。舞蹈过程中，如脖颈、肩、背、腰、臀，以及臂、腿、脚、膝、踝等部位都得运动，

烟盒舞琴手
自弹自唱

或扭，或踢，或抬，或甩，或踩，或跺，蹲体、仰体、弯体、展体、转体、靠体，五花八门、无奇不有，不分男女老少，全体跳动娱乐，完全沉浸在欢乐的海洋之中。

《跳乐作》中的“斗舞”或“对舞”情景是元江彝族“烟盒舞”的经典杰作。舞者肢体动作夸张，变幻莫测，随意性很强，不是把手甩得老高，就是仰体把脚提抬得与肩同高，完全是由舞者自由发挥。舞者全神贯注，高度集中；有时眯眼沉醉其间，如同失去魂魄一般；有时面部表情狰狞，张牙舞爪。给观者的感觉似乎是哪位“上天神灵”在操纵他的动作路线，指引他舞动表演；或者是舞者在和“神灵”对话，或者确切地说，他就是在和“神灵”同舞。

值得一提的是，“斗舞”或“对舞”的演绎，主要在丧葬仪式上，舞者不是在棺木旁就是在出殡的路途上跳。

在元江，如果有彝族的老人逝去，在守灵之夜，生前的亲朋好友均会陪着棺木，弹起三弦，弹响烟盒，吆喝着彝族调子，伴着唢呐和长号声，高兴地跳起烟盒舞，以示告别之情。

三、傣族雄狮舞

雄狮舞是一朵独具滇南傣族特色的艺术奇葩。雄狮舞表演场面十分热烈壮观，有人形容其为“花街人如海，舞狮击鼓忙。江上波涌月，华灯耀边城”。且让我们来看看这门独特的民间舞蹈。

元江傣族雄狮舞的乐器分为打击类和吹奏类两种，打击类乐器有牛皮鼓、大锣、堂锣、铙钹、中钹、镲等，吹奏乐器有大、中、小号唢呐。舞狮表演分为独狮舞和双狮舞两种，在鼓、锣、镲等节奏中舞蹈，以鼓点振节导乐，在唢呐奏出的哀鸣、狮吼、狂啸之音中转换情节。雄狮舞的舞蹈寓意，是表达傣族人民对长年战乱和动荡生活的厌倦，以及对和平、美好生活的渴望。

雄狮舞最大的特点是表演主体为雄狮子，区别于雌狮舞中雌狮子的温和、柔情的形象，从而更加突出了雄狮的狂劲与奔放、嚣张

和威猛。舞蹈动作以原生态为主，特别是“孤独狮王”的表演，从“站立行走到寻找伙伴”而后“摇头摆尾”“狂奔跳跃”“哀嚎狂啸”等，形象地体现了孤独狮王不失王者风范的气度和勇者无敌的霸气。在延承了中国南派“雄狮争霸”舞技的同时，又接纳了中国古代图腾文化。

一声长鸣，孤独狮王在威风八面中出场，速度猛快，堂堂堂堂、咚咚咚咚地上场，四处巡回张望，视察山情，探看风险，攀高跳跃，蹬卧扑抓，撕咬号叫，平地生风，如电闪雷鸣，维护一方平安。狮王头上的响铃不仅仅是一种装饰，而且是一种驱邪镇妖的法器，当人们听到熟悉的响铃声，就预示着平安和顺利，并有了安全感。

❶ 雄狮竞舞

❷ 雄狮拜年

狮王围着场地跑一圈，四处观察，迈、踩、踢、翻、滚，然后用头探视左右和前方，之后腾空跨跃，表示跃过障碍，平安无事。狮王主要表现其威猛、无敌、智慧、勇敢、无私、正义。喻义和平社会来之不易，需要靠勇敢和智慧来实现，要用正义来维护和平、消除战争，这是古代弱势族群渴望民族平安和幸福安康的一种共同心声。

双狮舞的道具主要有狮头、狮皮、刀、枪、剑、戟、棍等器械与绣球等。表演需三个人共同配合完成，两人扮狮子，一人抬头一人拱尾，相互协调动作，熟练配合表演，使之达到浑然一体的效果；另一人则扮“勇者”，亦即武士。在狮王前面用绣球引狮，或用兵器斗狮，而狮王则用腾、跳、蹿、扑、伏、翻滚、回旋、蹬、踢等动作配合表演，观众锣鼓齐鸣、呐喊助威，加之场内、场外鞭炮轰鸣，形成一种威武震慑的气氛，早期的驱病辟邪、消灾镇妖活动大抵如此。

当狮舞进入宗教活动范畴和庆典表演阶段，便逐渐有了程序与规距。不仅有吹奏乐器，每一个舞狮队还有自己的旗队（如蜈蚣旗）仪仗为前导，狮王的后面是牛皮大鼓和成排的锣、铙、镲等铜乐器组成的演奏队伍，既有合作，又有分工。当狮子出场时，演奏乐器以壮声威，围绕狮王还有许多人手持棍棒和各种兵器，以及好多造声势渲染气氛的热心观众和勤杂人员。狮子在鸣炮声中起舞，鼓声敲得震天响，周围所有的人在狮舞进行中燃放鞭炮、挥动旗子、器械，呐喊助威。因此，舞狮其实是一种人数众多的综合性集体文化活动。

四、苗族芦笙舞

芦笙舞是苗族人民在漫长的生产生活中形成的一种形式多样、表演方便、喜闻乐见的民间舞蹈。“吹起芦笙跳起舞”是苗族人民在欢庆节日里最常见的一种方式。走进苗家，让我们聆听久远的苗音，一同跳起快乐的芦笙舞吧。

说到芦笙舞，一定得提及芦笙。苗族人爱吹芦笙并伴以舞，称

芦笙舞。苗族人视笙音为苗音。芦笙音量高、响度大，人们常说“笙声沸天”“芦震山岳”，就是这个道理。汉族史籍里对苗族芦笙文化也有较生动的记载：“参差六竹管，长芦黄钟涛，短声清微散，舞来随节施，吹去别促缓，苗女共苗男，明月花满山。”

关于芦笙舞的起源，苗族民间有一个朴素、美妙的传说。相传，盘古开天地之时，大地一片荒凉。那时，苗族祖先是靠狩猎飞禽走兽做衣食的，为了解决捕获鸟兽的困难，当时一个心灵手巧的小伙子，在林中砍下树木和竹子，做了支芦笙模仿鸟兽的鸣叫和动作，吹跳起来以引诱各类鸟兽。从此，人们每出猎均有所获，于是芦笙舞就成了生活的必需而世代相传。

苗族人爱跳舞，更爱跳芦笙舞。芦笙舞是苗族最有代表性的也是苗族最喜爱的民间舞蹈。明代昆明人倪辂所写的

曼妙的苗族芦笙舞

高超的技艺——倒立吹笙声不断

《南昭野史》中有“每孟岁跳月，男吹芦笙，女振铃合唱，并肩舞蹈，终日不倦”的记载。足见芦笙舞早已是苗族人民传统节日活动的重要内容并风靡一时了。

芦笙舞基本可以分为三类，即群众性芦笙舞、表演性芦笙舞、风俗性芦笙舞。

群众性芦笙舞，属于群众自娱自乐的舞蹈，从动作特点上看，又可分为“踩”和“跳”两种。“踩”以两膝的轻微屈伸并踏着节奏向前移动为特色；“跳”是由动力脚落地后下肢的颤动以及抬脚踹动、上身随之自然地摆动为特色。前一种娴雅、端庄，后一种柔和、潇洒。

表演性的芦笙舞，一般都在节日或集会中以竞技或献技的方式进行表演。有的地方盛行以村寨芦笙队为单位进行集体比赛，

每逢年节，苗寨邻近各村寨以百十人为队同时吹跳比赛，参加比赛的芦笙队以能吹奏乐曲的多寡、声音是否优美谐和、动作和步法是否丰富、舞蹈的时间是否持久来定胜负。有的地方则以个人竞技的方式进行。这种竞技一般都不设规定动作，每个芦笙手都有施展个人技艺的机会。这类芦笙舞的动作以矮步、蹲踢、旋转、腾跃等为多。竞技者有的以动作的节奏多变，迅疾激烈见长；有的则以能完成较多的高难度动作取胜。

表演性芦笙舞内容十分丰富。有“巧喝酒”“蚯蚓滚沙”“滚山珠”“芦笙拳”“过门槛”“猴子上树”“滚地龙”“牛打架”“斗鸡”等多种。表演者主要以炫耀高难技巧博取观众的喝彩；有的是模仿禽兽的习性、神态，以表现出生活的谐趣引人入胜。

习俗性的芦笙舞分为两种，一种是每年过“花山节”时跳的舞，这是男女青年联欢和选择配偶的佳期。这天所跳的芦笙舞，古时就称为“跳花”或“跳月”，多在月明风清之夜进行。有这类习俗的苗族山寨，一般都设有“跳月”的月亮场或“跳花”的花场。另一种是在跳舞时手挽手、身体前倾、顺圈往前跳，动作比较简单。参加舞蹈的人数常见为 12 人，队形呈 3 人一横排、4 人一竖排的长方阵。

除此之外，还有祭祀性的芦笙舞、礼仪性的芦笙舞等。总的来说，芦笙舞已融入苗族人家生产生活的方方面面，“吹起芦笙跳起舞”是对苗族人最形象、最生动的写照。

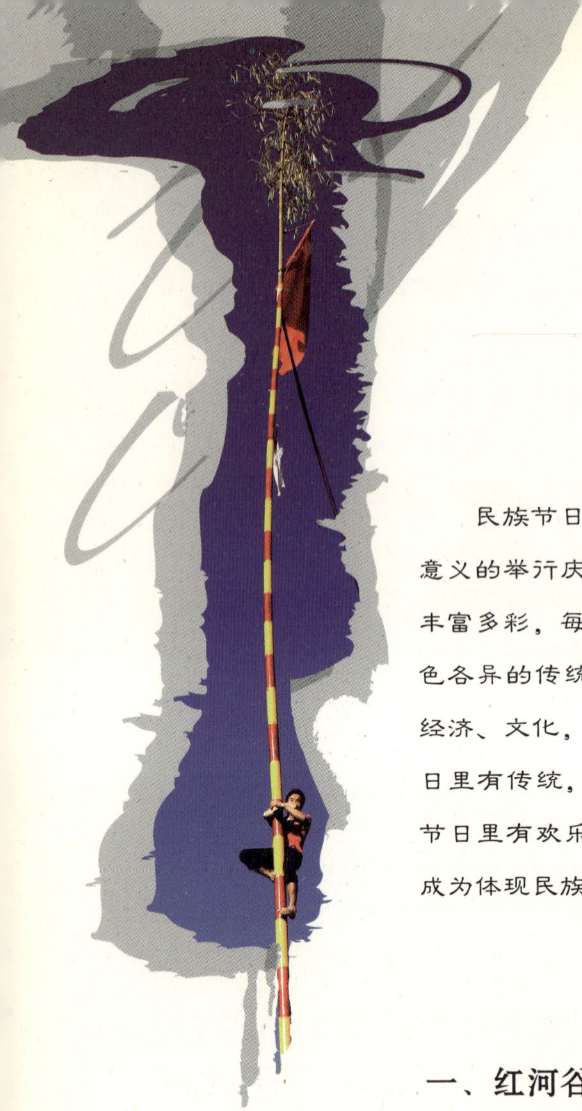

体现民族文化的特殊符号

民族节日是一个民族在长期历史发展中形成的、具有特殊意义的举行庆祝或祭祀仪式的日子。元江民族众多，民族文化丰富多彩，每个民族都有自己独特的风俗和习惯，也有很多特色各异的传统节日。悠久的民族传统节日折射出社会的政治、经济、文化，释放出人们对喜庆、轻松、休闲的理想追求。节日里有传统，节日里有习俗，节日里有歌舞，节日里有美食，节日里有欢乐……节日成为传承和弘扬民族文化的重要载体，成为体现民族传统文化的特殊符号。

一、红河谷金芒果节

“红河谷中太阳城，彩云之南花果园，哈尼故里罗槃国”，这是元江对外宣传的三张名片。这里，是太阳厚爱的地方；这里，是百果飘香的世界，在充满激情和活力的盛夏，热情的元江等你来，等你来参加节日狂欢、品尝百果盛宴……

在滚滚元江与叠翠哀牢间，有一个中国境内最大的红河谷盆地，河畔热带风光旖旎醉人，哀牢深处云海梯田神奇壮美，这片美丽丰饶的奇山秀水，就是红河谷中的太阳城——元江。在这里，青山惹眼，绿水怡人，四季花果飘香，民族风情浓郁醉人，琳琅满目的各种热带水果美味可口，四季鲜花竞相开放。

缘于元江众多的水果及水果之王——芒果的美誉，元江县人民政府、玉溪市旅游局于2004年联合发起举办了“中国·元江——

红河谷金芒果文化旅游节”，时至2014年已办到了十一届。经过十余年的不断努力和精心打造，“中国·元江——红河谷金芒果文化旅游节”在省内外已有了一定的知名度，成为云南省最具潜力的文化旅游节事品牌之一，极大地提升了“红河谷中太阳城——元江”的知名度。

芒果节期间，开展百种水果一条街、万人泼水狂欢、傣族花街风情演绎、哈尼长街宴和商贸一条街等系列活动。游客可尽情地观高桥、赏热花、尝热果、游云海、品花茶、啃牛蹄、看风情，充分感受元江独特的“滇中大果园、大花园”和浓郁的民族风情。在这激情浪漫之夏，百果园瓜果飘香，茉莉花香沁人心脾，芒果森林硕果累累，凤凰花灿烂如霞，民族歌舞优美豪放，世界第一高桥气势如虹，云海梯田神奇壮美……元江金芒果节让游客尽情体验“芒果飘香，魅力元江”的盛夏美景。

在百种水果一条街上，集中展销以元江芒果为主的各种热带、亚热带水果。各种芒果、荔枝、菠萝蜜、香蕉、龙眼、木瓜、西瓜、番石榴等热带水果在水果一条街等候游客尽情地品尝、观赏、采购。

在万人狂欢泼水活动中，当七个傣族姑娘和七个长者念着“清清泉水，生命之本，涤荡尘埃，人世清平，洒绿田野，福满村寨，福满人间”的祝福语并将吉祥喜庆之水用万年青树叶轻轻洒向来宾之时，万人泼水狂欢即开始。水花四溅，欢声如潮，人们相互追逐嬉戏，用大盆小桶泼出个水花花的世界，尽情地狂欢，让洁净的水泼洒全身，让美好的祝福相伴终身，闹个欢乐，给个祝福。炎炎夏日来到浪漫红河谷，让游客纵情泼水，浸泡在“水、水、水”的欢呼雀跃里，尽享清凉与快乐。

节日期间，游客们可以进入红河华侨社区万亩芒果林，自摘芒果，尽情品尝。可一边采果，一边观光。累了、饿了，

❶ 金芒果节期间的水果一条街

❷ 每年6月间，一年一度的“元江红河谷金芒果节”在元江县城隆重举行

金芒果节期间举办的“吃芒果比赛”

就在侨乡找一户风味小吃农家店，品尝印尼风味、越南风味饮食，还有民族风味烧烤、凉米线、凉卷粉、生态土鸡、山珍野菜等。特别是那凉卷粉，把蒸熟的卷粉展开，把酱油、花椒油、芝麻油、香花生、辣椒、味精、盐巴、韭菜、芫荽、姜汁、蒜汁等佐料均匀地撒在卷粉上，然后把带佐料的卷粉卷成一个圆筒，食用者两手各拿一端，以防佐料漏出，一口一口地咬，吃起来很有一番趣味。

哈尼百家“长街宴”是芒果节期间举行的一项必不可少的活动内容。在一条笔直的街道上，一张接一张的四方桌长长地摆出去，桌上的菜式既有山珍海味，也有出自梯田的产品，种类非常丰富。田里的鱼、虾、泥鳅、鳝鱼和田螺，黄豆磨制的豆腐干和腌豆豉，水芹菜、油炸糯米饼、花生，染饭花汁浸染的糯米黄灿灿地盛在碗里，表示大吉大利，这就是哈尼族的“长街宴”。

❶ 哈尼“十月年”期间开展的文娱活动——磨秋

❷ 哈尼“十月年”期间村村寨寨摆长街宴

除了品尝山珍美味和香甜水果、尽情吃喝玩乐之外，还可参加饶有情趣的民族风情展演活动。此活动一般在自然古朴、风光旖旎、美如一幅山水画的傣族村寨举行。在那里，身着刺绣精美的红色绸缎衣服、腰间佩戴光彩夺目之彩带的小卜少，在寨门口手执红线，捧着竹筒酒，舞着婀娜身姿，用细柳枝向你泼洒吉祥水，以最传统古老而隆重的仪式欢迎游客的到来，让游客还没走进寨子就醉在傣族艳丽的色彩里，醉在了傣家浓郁的风情里。在浓浓的乡村风情中，穿过傣家村寨里的苍天古树林，拾阶而下，在清澈细流的小河畔，一片错落有致的槟榔树林里的露天舞台上，在一阵阵浑圆的鼓声、轻快活泼的音乐声中，可欣赏到傣家小卜少轻盈、优雅的舞姿。游客们也可以跃上舞台与傣家小卜少一起迈开热情的舞步，和她们一起分享傣族舞蹈独有的快乐。如果游客有幸被小卜少所慕，还会收到小卜少送出的香包，香包最多的那位就可亲身感受傣家婚俗了。

元江芒果年年有，金芒果节年年过。热情似火的元江各族人民欢迎八方宾客来太阳城过激情芒果节！

二、哈尼族“十月年”

1

2

农历十月，五谷冬藏，万物伏眠，哈尼族山寨家家户户粮食满仓、猪肥牛壮、鸡鸭满厩，一派丰收喜悦的景象。在这金色的季节里，哈尼族迎来了一年一度的“十月年”。这是一个承袭了千年的节日，是哈尼族节日中时间最长、内容最丰富的一个节日，它沉淀着极为恢宏厚重的民族文化，是哈尼族生活中最隆重的一个文化盛典。

“十月年”，哈尼语称为“美首扎”，是元江哈尼族最盛大的一个节日，类似于汉族的春节。节日从农历十月的第一个属龙日开始，历时五至七天。

跳棕扇舞是哈尼"十月年"期间开展的一项主要文娱活动

哈尼族"十月年"的来历有一个古老的传说：在很久很久以前，居住在滇南哀牢山一带的哈尼族，秋收后家家户户五谷满仓、六畜满厩，呈现出一派丰收的景象。当时，时令刚刚进入农历十月，漫山遍野开满了逗人喜爱的樱花。在这样美好的时刻，山寨里却出现了一种特别凶猛残暴的怪兽，毁坏庄稼，吞食家畜，搅乱了人们的平静和安宁。勇敢的哈尼先民就同怪兽展开了顽强的斗争，并在同怪兽斗争中发现它惧怕红艳艳的樱花、叮叮咚咚的铜盆声和明晃晃的松明火把。知道了这个秘密后，人们兴奋得高声呼叫，同时拿起家中器物敲打起来，一瞬间，欢笑声、呼叫声、敲打声震荡山谷，整个哈尼族山寨迸发出欢声笑语，弥漫着喜庆的气氛。从此，怪兽被驱逐出山寨，再也不敢来捣乱。那一天，恰巧是农历十月第一个属龙日，后来这个日子便成为哈尼人一年中最隆重的节日。从此之后，哈尼族就把每年农历十月第一个属龙日定为岁首，辞旧迎新，称作"十月年"，一直流传至今。

在"十月年"即将到来的头几天，哈尼村寨里的老老少少就开始忙碌起来了。他们把家里家外打扫得干干净净，把锅瓢碗筷清洗得洁洁白白，舂好粑粑，做好豆腐，筹备着年节需要的各种食材、用具……

哈尼“十月年”期间开展的文娱活动——转秋

年节开始，按照传统规矩，龙日的那天早上，各家把准备好的一只煮熟的鸡和煮熟的猪头供奉在正屋的供桌上，所有的家庭成员共同跪拜，由家中的长辈口念庆贺丰收、祈求平安的祷词，一拜东方，二拜西方，各拜两次，显示了哈尼族对天地的尊崇。饭前要放鞭炮，以增加节日的气氛，同时也表示召唤、邀请天地诸神共同进餐。席间，要请长者坐在面向正门的正席（俗称上席），并让他们先尝猪肝、白肠（俗称粉肠）等，以示对长辈的尊敬。

哈尼族历来勤劳淳朴、热情好客，过年时诚恳地邀请远方的亲朋好友来做客，客人来得越多越高兴。除此之外，无论你从哪里来，不分民族，不分男女老少，不管你到哪一家都会受到热情的接待。一进门，主人家会立即起来打招呼，安排你入座，沏茶伺候。一旦备好酒席，便安排入席，端上香喷喷的哈尼焖锅酒一一斟上；随后，主人首先端起酒杯，满脸笑容，恭恭敬敬地给客人敬酒，然后再热情地招呼客人用餐。席间，在正堂席中的长辈们，边吃边唱“哈巴”（酒歌）。首先唱的是祝福歌，再唱敬酒歌。祝福歌主要祝贺当年粮食丰收，人畜安康，尊老爱幼，和和睦睦；祝愿来年也一样风调雨顺、人畜安康。敬酒歌主要表示欢迎尊贵的客人到哈尼山寨做客，并祝福客人健康平安。当客人要走时，按哈尼族传统礼节，要馈赠粑粑、豆腐、糯米肠、猪肉等食物；男主人还要将客人送到村外，一直目送至看不到客人身影才返回，这也是哈尼族传统美德之一。

节日期间，还要开展丰富多彩的文娱活动，其中荡秋千、跳棕扇舞、唱歌是哈尼“十月年”的主要娱乐活动。

秋千自古以来都是哈尼族民间一项传统体育运动，既可以休闲娱乐，也能竞技比赛。秋千有三种，一种是“转秋”，一种是“磨秋”，还有一种是“荡秋”。无论是“转秋”“磨秋”，还是“荡秋”，都是勇敢者的运动。在荡秋千的现场，看着彪悍强壮的哈尼汉子在秋千上勇猛的身姿，你会感叹：这项运动和这个民族是多么的般配。秋千还是青年男女自我表现的活动，也是青年男女交流感情的载体。

跳棕扇舞是年节期间最重要的一项传统文化娱乐活动。每个村寨选择一个宽敞平坦的地方作为舞场，吃过饭后，男女老少穿着节日的盛装，聚集到舞场，敲响牛皮鼓和铓锣，伴以高亢明亮的唢呐声，手持鲜绿的棕扇，随着铓鼓的节奏翩翩起舞。在舞场中，长者边舞边歌，以悠扬明亮的歌声伴以欢快、婀娜多姿的舞步，显现出欢乐、喜悦、活泼、热烈的节日气氛。

唱歌是哈尼族男女青年在“十月年”期间夜间活动的主要内容，他们相聚在一起，以歌唱形式学习交流，谈情说爱。男女青年中的对歌除用歌唱表达外，还可用乐器演奏来表达，即男的用小三弦或叶子，女的用谷管或叶子，有时两种方式交替进行。这样，既增加了娱乐的情趣，还增强了追求者的信心。

金秋十月，五谷丰登，哈尼山寨陶醉在收获的喜悦中，沉浸在欢乐的海洋里……

三、彝族火把节

彝族是一个火的民族，有火一样的热情。当熊熊的篝火燃起，当长长的火把舞起，你的心，肯定会跟着一起澎湃无比。拿起烟盒，跟着四弦一起跳起舞来，一起来度过这个充满激情的难忘之夜吧。

每年农历六月二十四日，元江的彝族和其他地方的彝族一样都要过“火把节”。“火把节”与“彝族年”均是彝族的重要年节，是彝族祭祀天地、祖先最为集中的时候。

古时候的火把节，搭棚祭天、分食牛肉、耍火把、斗牛赛歌等民俗十分盛行。现在，经济发展，生活愈来愈好，火把节有了更丰富的内涵与展现。

元江彝族的火把节，从农历六月二十四日开始，为期三天。第一天，全县的彝族同胞和其他少数民族不约而同地到甘庄聚集，一同欢庆一年一度“除灾迎吉祥”的火把节。

中午饭后，青年男女成群结队聚集在附近的山上、河畔、草地、田埂边、芒果林、香蕉树下、甘蔗地、茅屋间，他们

点燃熊熊篝火

不是在弹三弦、跳烟盒舞，就是唱彝族小调和山歌。互不相识的男女青年相见羞羞答答；初识的人双方互表爱慕之意；相识的人就来卿卿我我加深情感，或者悄悄把婚期约定，回家后告诉父母准备操办婚事。中年人一般聚集在村寨中的土掌房里或房顶上，饮酒、谈家常、谈收成，或弹三弦、跳舞，热热闹闹；有的准备夜晚庆典所需的物品和食材——宰牛、宰羊、杀鸡、杀鸭，做传统粑粑，忙里忙外。老年人也都没闲着，口中念念有词，悄悄地准备着祭祀用品，以干木松和松明子扎成火把，搭建自家的祭火台。这天，出门在外的人也必须返回家里祭祖，吃团圆饭，参与欢度节日。全村寨的人们都在准备“都载”（迎火神）的活动。

夜幕降临，各家门前竖起小火把，由自家老人点燃火把，老人首先进行默默的祷告，祈求祖先和菩萨赐给子孙安康幸福，祈求风

围着篝火跳起欢乐的烟盒舞

调雨顺、来年丰收。然后，依次点燃数支火把，分发给儿孙，让他们在屋里、房前屋后巡走一遍，让火光照亮每一个角落，驱除家宅里的邪气、妖魔。之后，举着火把出门去会村寨的其他村民，到村外田边地角，漫山遍野，四处走动挥舞火把，不断向火把撒松香，以示烧死害庄稼的害虫，驱除村中的病魔灾难。

除了各家各户的小火把外，各村寨里的中央宽阔地带，同样会竖起大的祭火台，堆上许多干木、松明子和稻草，让村寨中年长的、辈分大的老人或毕摩（祭司）诵经，进行神秘的点火仪式。圣火必须以古老的、传统的方式击打燧石点燃，由美丽的“火神女儿”（众人推选出漂亮、心地善良的本村彝族姑娘装扮）小心举着薪火，慢步走向祭火台，交与村里的“头人”。头人用彝语大喊“烧死病魔害虫，迎接吉祥如意”后，往柴堆上引火。瞬间，巨大火把熊熊燃起。不大一会儿，火光映亮整个村子。众人围着巨大火堆，弹起三弦，跳起烟盒舞，纵情地欢乐。

此时的夜晚景象十分壮观，各村寨的火把加上甘庄以外涌来的其他民族兄弟的火把，成千上万的火把遍布以甘庄为中心的附近整片山的地域。远远望去，好似一条条火龙，时而蜿蜒起伏，时而星星点点，火树银花，映红了天空。最后，所有的火把汇聚到甘庄广场，形成一堆堆篝火，熊熊燃烧，一直烧到深夜。

火把节第二天为“都格”，意为赞火或颂火，是节日的高潮。这天，人们利用这欢聚的日子，聚集在甘庄巨大的主圣火祭台周围开展商贸活动，游人如织，人山人海。各种商品琳琅满目，牛肉、羊肉、狗肉汤锅等众多美食，香气扑鼻，让人垂涎欲滴；更不用说元江盛产的芒果、香蕉、西瓜、菠萝蜜等水果摆满路旁。传统节日的各种活动精彩纷呈，如妙趣横生的斗鸡，激情的斗牛，爬杆、摔跤比赛，古朴自然的

民族服饰展现，精彩的“民族之花”选美，民族歌舞表演，原生态的彝族烟盒舞等等，应有尽有，热闹非常，不亲身体验很难领略到民族节日的韵味。

火把节的第三天，彝语叫“都沙”，意思是送火。天一黑，祭献过火神，晚饭结束，各家各户照旧点燃火把，在家做完祷告后，依然举着火把，会集到村寨的祭火台，举行送火礼仪。大家挥舞着火把，口中念唱彝语祝词，大意是：烧死病魔瘟疫、烧死饥饿、烧出平安，祈求祖先和菩萨保全家人丁兴旺、五谷丰登、六畜兴旺。最后，人们把手中的火把全部归拢在一起，燃成一堆熊熊篝火，以示大家团结一致、共同防御抵抗一切自然灾害。

元江彝族火把节以其独特的魅力、绚丽多姿的风采，吸引着越来越多的游客，成为元江县的一个重要旅游节庆品牌。

四、傣族花街节

花街节是元江傣族的主要节日。傣家人在花街节里对情歌，喝交杯酒，拴红线；在花街节上与心上人互诉衷肠；一杯一杯的米酒喝下去，醉了客人也醉了主人。

每年的农历五月初五，是中国传统的“端午节”，同时也是元江傣族同胞的“花街节”。“花街节”对于元江傣族来讲就像汉族过传统的春节一样隆重和热烈。据说它已历经了一千多年，但时至今日仍然保留着原生态的传统文化形式，素有“千年花街”之美誉。“对情歌”“拴红线”“偷新娘”“喝交杯酒”是“花街节”期间举行的主要活动内容。如果有机会，不妨到元江傣家村寨亲身感受一次傣家人迎贵送客的最高礼仪。

花街节这天，一大早，傣族男女青年从四面八方蜂拥而来，他们身着色彩艳丽的传统傣装，敲响牛皮鼓，跳起雄狮舞，唱起“蒙面情歌”，陆续会集到花街节的主场地——清水河畔一个美丽的傣族村寨。

傣族花街节迎宾仪式

走进这个傣家寨子，刚到村口，就能感受到浓烈的节日氛围。来到芒果林中的“蒙面情歌”会场，成群结队的傣族小卜少、小卜冒们早已经聚集在一起了。他们身着只有在盛大节日、隆重场合或走亲访友时才穿的新“花衣”，脸上挂满了青春年少、热情奔放而又淳朴厚道的笑意。

传统的敬酒礼仪是傣家人很特别的一种风俗。热情好客的傣家人，凡逢盛大节日，迎娶送嫁，迎送宾客，都要喝“交杯酒”以示尊敬、友好，而对长辈则斟酒敬献。过去，喝“交杯酒”和“同心酒”是傣族待客的最高礼节，因而每逢盛大、隆重的佳节仪式，主人便会邀请既懂礼节又能说会唱的人代表主人给宾客敬酒。一来可以增添喜气、热闹的气氛，二来显示主人的热情好客。特别是在相互对唱敬酒歌的过程中，你来我往，每一次回敬、转敬时，既敬酒又比说、比唱、比舞，往往把说、唱、舞集于一身。这样的人一般不是公关

❶ 傣族花街节期间举行的"蒙面情歌"表演

❷ 傣族花街节现场

高手就是当地有名气的民歌手，他们不论站在哪里都能够引来一片欢声笑语。如今，傣族的"交杯酒"已被演绎成为迎接贵宾的最高礼仪——"同心酒"。每位客人都得喝完傣家人敬献的"同心酒"，才能拴红线、洒吉祥水、挂红绣球（或香包），获准通过彩虹门、跨火龙，从两排迎宾人群中间顺利穿过后再进入寨子。"同心酒"是不能对敬酒者回敬的，不会喝酒的人，可以象征性地喝一口，表示尊敬。而传统的"同心酒"一般要喝三杯，每一杯都各有其意，第一杯酒表示对客人的尊敬和欢迎，第二杯酒表示感谢，第三杯酒表示祝福。三杯酒喝下去，你已成了傣家人尊贵的客人，可以尽情地随心地参加他们的每一项活动了。

参加花街节的客人，可以在高大的芒果树下，一边品尝芒果、菠萝蜜、荔枝、龙眼、笼粑、米花、麻脆粑粑等美食，一边体验"蒙面情歌"对唱、"跳南嘎"、背新娘等娱乐活动，客人可与能歌善舞的傣族小卜少边歌边舞，同饮"交杯酒"、共喝"同心酒"，其乐融融。

"对情歌"也称"蒙面情歌"，是花街节不能缺少的歌赛活动。元江傣族原生态的"蒙面情歌"历史悠久，唐代以来就有记载。它起源于原始宗教的祭祀活动，后来逐步演绎为歌舞相伴，有歌有舞。"蒙面情歌"内容广泛，要想学会对"蒙面情歌"，很不容易，据说要把多达600首的元江傣族"蒙面情歌"全部学会，需要花几年的时间才行。要通过"口传心记""前传后教"，学艺出师，才能称为"赞哈"（歌手）和传承后代的"哈哨""哈冒"(尊师)。"蒙面情歌"虽然只有很少的几个传统调子，而且音调也不是十分优美，但却能生动地演绎出傣族传统文化艺术的情感，生哨调、出嫁调、问讯曲、感情调、答谢调等反映了元江流域古老的传统文化丰富而深邃的内涵。最古老的"蒙面情歌"调，主要以叙事为主，音调起伏变化不大，乐曲节奏速度徐缓，曲调旋律长短不一，但表达的内容却十分丰富。唱的时候，唱歌的一方用漂亮的傣锦掩面，抑扬顿挫地唱出心里想要说的话，唱出心里想要表达的意思，有诉说

相思的、诉说倾慕的，也有诉说一些生产生活中发生之故事的。听的人回话的时候，也用歌曲来表达。一唱一答，十分默契。

夕阳西下，晚霞映红天际，千年的传统花街已散去，“花街节上人山人海，芒果树下人头攒动”的热闹场景成为留在脑海中的美好记忆。参加花街节的人们带着心中那一份浓浓的情意，脸上挂着几分甜蜜的醉意，缓缓离开美丽神奇的傣寨，慢慢地回味芳香迷人的同心酒，在各自的心中画上一道红线，默默地祝福，期待着明年又一个花街节的到来……

五、苗族花山节

踩花山节是苗族人民开展文体娱乐活动的重要载体，又是苗族人民与其他各民族相互交流的一个平台，人们通过踩花山节来传递生活中的各种信息，也借此机会来纪念他们的先祖。

元江的苗族主要居住在甘庄街道，他们是1979—1983年先后从越南归来的侨民，当地人称之为难侨。甘庄苗族从越南迁徙到甘庄定居生活之后，随着时间的流逝和生产生活的发展，大部分苗族的生活习惯渐渐被当地其他民族所同化，只保留了踩花山等少部分属于自己民族的风俗习惯。

苗族踩花山节也称花山节，是苗族的重大节日之一，过节时间在农历正月初二至初七。传说这是祭祀苗族远古祖先蚩尤的节日。

踩花山节有“立杆”“祭杆”“闹杆”“收杆”四个程序，每个程序都有特定的内容。其中“立花杆”是踩花山节的重要标志。花杆是一棵高约30米的杉树，修去树枝，剥去树皮，仅留下一小丛青翠的树冠。在离杆顶1米左右的地方，挂有红、黄、蓝、白色彩带及象征喜庆和将要奖给爬花

苗族花山节现场

❶

❷

杆优胜者的芦笙、糖果等。定花杆很讲究，要由大家公认的好心肠的人——“花杆头”来定，他必须在节日的第一个早晨，趁太阳出山以前把花杆竖好。“踩花山”这天，首先由“花杆头”向前来参加“踩花山”的人敬酒祝福，然后才宣布“踩花山”节开始。这时，花山场内外锣鼓齐鸣，鞭炮声此起彼伏，鲜花、彩旗迎风招展，各种欢庆活动先后开始进行。花山节不论是哪个民族，不分男女老幼都可以参加。“祭杆”以肃穆的仪式为主，而“闹杆”则为热烈的民俗欢庆活动。在“闹杆”期间，人们跳芦笙舞、演练武术、对唱民歌，还举行爬杆、斗牛、倒踢脚、打陀螺、斗画眉等比赛。

踩花山节也为苗族青年男女谈恋爱提供了很好的平台，是苗族青年男女相互倾吐爱情、定婚结友的美好时机。苗族姑娘们穿上装饰着各种漂亮珠子、银饰的节日盛装，走起路来，环佩叮当，悦耳动听，别有风情。踩花山节开场之后，年轻姑娘们遥立场外做羞涩不前态，此时就会有年轻男子以油脂涂抹长绳，由两个人各拉着一端去围女子们，并故意做出要想弄脏姑娘们衣服的样子。于是，姑娘们就不得不进入场内，或三或五相聚而立，任凭小伙子们选择。倘若某一小伙子看中某一小姑娘，小伙子便撑一小花伞覆罩小姑娘，并唱上两调求爱山歌。如果小姑娘也有意，便以山歌对答，反之则以无言对答或躲开小伞表示拒绝。青年男女一旦相爱，男的要以花裹脚、花围腰带赠送姑娘，而女的也以自己千针万线亲手绣制的花帕、包头回赠。

❶ 花山节期间举行的“斗鸡比赛”

❷ 花山节期间举行的“斗牛大赛”

踩花山节是苗族人民开展文体娱乐活动的重要场所，也是苗族人民与其他各民族相互交流的一个友谊平台，对促进各民族之间的团结、友好、和睦具有重要意义。

餐桌上的百花园

民以食为天，一方水土养一方人。元江各族人民在创造丰富多彩的民族文化的同时，创造了许多民族传统特色餐饮。这些独一无二的饮食奇葩不仅丰富了元江民族文化的内涵，滋养着元江各族儿女，更吸引着四面八方的宾客。

一、哈尼清水乳猪

元江哈尼族民间保留着一道独具风味的传统美食——清水乳猪，是元江县颇具风味的一道美食，由特殊的原料加上特殊的制作工艺精心烹制而成，其制作工艺中蕴藏着优秀的民族文化内涵，体现着餐桌上的大智慧。凡品尝过此风味的人无不拍手叫好、赞不绝口。

早期，这道菜是哈尼族人家祭拜先祖时特意做的供品；也是举行建新房仪式或迎娶新娘进门时，用来招待贵客而必须做的一道菜品。如今，“哈尼清水乳猪”已经成为元江人喜爱的一道美味佳肴。

哈尼人烹制清水乳猪挺不简单，非常有讲究。原料猪的选用不是一般的小猪，必须要用当地人喂养的本地小耳朵猪，而且选用的小耳朵猪喂养的时间不能太长，三个月的即可；猪的体重也不能太重，不能超过 5 千克，4 ~ 4.5 千克重的是上好烹饪食材。

风味独特的“哈尼清水乳猪”

小猪宰杀后，得用90℃左右的开水浇烫其身体，煺猪毛。猪体处理干净后，用刀把它剖解成七八块，连同处理干净的肠、肝、心、肺等一起放入锅里，加入冷水，一同炖煮，煮半个小时后就要捞出。为了使猪肉的颜色不显苍白、好看，有的哈尼人家会抓上一把糯米一并与猪肉混煮，那样，不仅肉的颜色更美观，而且香气扑鼻，还没品尝就让人垂涎欲滴。

煮好捞出的乳猪肉块，再次用刀切成适宜入口的片状，放进盆里，然后撒上些盐粒、花椒或草果细末等，搅拌均匀，即可上桌。

吃“哈尼清水乳猪”，哈尼蘸水是必不可少的。哈尼族的蘸水也颇具特色，选料丰富，色彩诱人，翠绿的香菜、葱花、薄荷，鲜红或橙黄的小米辣，洁白的茎菜根，草果、八角、新鲜的花椒叶等都是上好的配料；还有一样主料让人出乎意料，简直不可思议，那就是蘸水碗里要放入一至两枚煮熟的鸡蛋蛋黄。这个令人费解的配方，居然产生了神奇的效果，腥腥相克，竟然能够使小乳猪的腥味荡然无存，入口丝滑细腻，回味无穷。这简直就是餐桌上的大智慧，民族文化中蕴藏着的优秀内涵，不言而喻。

“哈尼清水乳猪”配以哈尼蘸水，清香麻辣，爽口无比。

尤其是皮嫩、肉鲜、骨脆。皮质嚼感如同吃冬瓜蜜饯，嫩酥而不硬；肉质肥的肥而不腻，肉质瘦的瘦而不柴；而且骨头脆得让老人、小孩都能轻轻嚼碎，可连骨带肉一起轻巧咽下。

“哈尼清水乳猪”是元江的一道颇具风味的美食，尝过的人无不拍手叫好，赞叹不已。

二、彝家火腿

元江彝族是一个勤劳、智慧的民族，他们不仅能歌善舞，而且还善于创造。他们凭借彝乡有利的自然环境和自然资源，创造出了独具特色的彝族饮食，火腿是其众多民族食品中最具特色的一个，也是元江县一道有名的美味佳肴。

腌制火腿是元江彝族的一个传统习俗，制作过程有其独到之处，制出来的彝家火腿风味独特，美味可口。

要腌制出品质较好的火腿，除了高超的腌制技术外，最重要的是原材料要好。元江彝族人基本住在温凉山区的山梁上，由于气候温凉，生猪生长周期长，一头年猪至少要喂养1~2年左右。在喂养的过程中不喂任何饲料，猪吃的都是无污染的天然绿色食物（红薯、玉米等粮食）。大部分猪仍是熟食喂养，这种方式喂养出来的猪肉品质好，营养丰富，肉味糯香。

元江彝族人于每年农历十一月开始过年，过年的时候家家都要杀年猪，有的人家甚至杀两头以上的年猪。他们把杀好的猪肉进行各种加工以便留存。他们以独特的方式对猪腿进行加工：首先在下猪腿的时候，有经验的农户会把猪腿下得肥大而且有看样，并放上盐巴进行无数次的搓揉。搓揉的过程中，刀切口的地方搓揉和有皮的地方搓揉的时间和方式都各有讲究，手法不一。把搓揉腌制好的猪腿放在一块木板上，上面再盖上一块板子，板子上放上石块，石头可起到加重挤压的作用，把猪腿的水分挤压出来。差不多过了10天，再用酒搓揉，酒香就融进了火腿。之后风干的火腿，就成

了味道特别鲜美、在当地声名远扬的彝族火腿。

元江彝族火腿可保留的时间长，而且色、香、味俱佳。如果你走进彝族人家，主人切开上年腌制好的彝族火腿招待你，那你肯定是他家的佳宾贵客了。每当那红润饱满、晶莹油亮、香气扑鼻的美味一摆上桌，定让人垂涎欲滴，不流口水都不行。

三、傣族干黄鳝

干黄鳝是元江傣族地区的一道特色风味美食，也是傣家人佐餐的主菜之一。“一团糯米饭，两根干黄鳝，二两小酒天天干”，这句谚语形象地道出了干黄鳝在傣家生活中的地位。

香醇味美的彝家火腿

正在捕捉黄鳝的傣族妇女

这是从古至今流传在元江傣族地区的一句谚语，也是古代傣族人生活的真实写照。傣族是一个稻作民族，自然离不开水，捕鱼成为傣族人的一种生存技能，不仅如此，傣族人对吃鱼也有着与众不同的方法。

每年秋收以后，世居热坝地区的傣族人就迎来了一年之中的农闲时节。此时，傣家人就开始到田间捕捉黄鳝，并将其制作成干黄鳝，做成下酒、下饭的好菜肴。有趣的是，过去，傣族中下田捉鱼拿黄鳝的大部分是傣族妇女，这与其他各民族是大不一样的。勤劳的傣族妇女捕捉黄鳝的方法主要有两种：一种是用竹篾编成的黄鳝笼诱捕，将蚯蚓、螺蛳装入竹笼中作为诱饵，于黄昏时分把竹笼放置于水田中，到晚上黄鳝出洞觅食，闻到腥味，便钻进竹笼中。第二天清晨，傣家妇女就来收回笼子，一般情况下每笼内至少会有一条黄鳝，有的甚至会有四五条。另一种方法是用竹子制作的黄鳝钳直接去捕捉，每天晚上，当黄鳝从泥土中浮上水面觅食的时候，用电筒一照（古时候是用火把），看见黄鳝就用竹钳把它夹住并放入随身背的竹箩中。有时一晚上一人可以捕捉到几十条黄鳝。

元江傣族加工干黄鳝的方法是：把黄鳝拿回家装在盆中备用，待做饭时把烧烫的灶灰和细火炭倒入盆中，待黄鳝烫死后，把黄鳝拣出，洗去灰尘，划肚去肠，抹上盐巴、辣椒、花椒，使其成为麻辣味，穿在细竹竿上晾干，盘成一圈圈的干黄鳝。

干黄鳝的吃法是：把干黄鳝放在油锅里直接用油煎炸，煎好后即可上桌，食用起来香脆美味，是非常好的下酒菜；也可将干黄鳝放在火炭上烧熟，然后装盘上桌食用，吃起来又香又脆，就着糯米饭吃，更有一番风味。至今，干黄鳝是傣家人筵席上最好的一道下酒菜。

由于干黄鳝便于储存、包装和携带，所以，不仅成为傣家人用来待客的必备食品，也是傣家人平时生产劳动在田间地头吃饭时食用的最好菜。特别是在花街节上，干黄鳝是小卜少们包秧箩饭去会情人时必须要带上的一种美味食品。

如今，傣族干黄鳝已成为前来元江的游客必尝之风味美食。

香脆美味
的干黄鳝

四、麻脆粑粑

麻脆粑粑是傣族的一种礼仪佳品，也是傣家的一道小吃。每逢宾客来家，好客的傣家主人会立刻捧上麻脆粑粑来款待，当宾客要告别时，也要送上几条麻脆粑粑让其带回去给家人同享；傣家串亲访友时也会带上几块麻脆粑粑作见面礼……麻脆粑粑既是傣族最喜欢吃的风味食品，也是傣族的一种传统食品文化。

“麻脆粑粑拿来吃，油炸粑粑拿来吃，我家姑娘嫁给你”，这是过去在元江傣族地方经常听得见的一个玩笑。这虽然是个玩笑，但玩笑背后却有深刻的内涵，顺着这个食品的由来往下挖，能挖出很多鲜为人知的故事。

传说，在很久以前，一个老人在山坡上放牛，因为天气炎热，老人非常困乏，就躺倒在草地上睡着了。不一会他被一群蚂蚁咬醒了，醒来后他发现自己身上被蚂蚁咬过的皮肤起了一颗颗像小水泡一样的肿块。再仔细观察那群蚂蚁，是蚂蚁咬食了一种植物以后又来咬人才引起人的皮肤红肿的，这种藤本植物含有膨大剂的成分。这无意中的发现，让这位老人从中得到了启示。回到家中，他把植物洗净，捣碎泡在水里，然后将其水汁适量放在糯米粑粑中一起舂，阴干后的粑粑用火烘烤或者油炸后，极易膨大，又脆又香，后来这种植物被傣族人称之为“麻脆药”。

麻脆粑粑制作的工艺流程简单，但非常费工费力，整个过程充满了智慧与劳动的艰辛。首先，在中秋节前，男人们要到山上把当年用的麻脆药采挖回来，形成淀粉水后滤渣放置一边备用。接着，男人们就忙劈柴、挑水，女人们忙着蒸糯米饭，准备簸箕、竹席和糯米面粉等其他原材料。等糯米饭蒸熟后放到石碓圆窝上，几个男人“叽咕叽咕”地用力踩碓，将糯米饭舂成粑粑，边舂边洒入适量的麻脆药水和蔗糖水，使之相互融合。然后取出粑粑放到案桌上，再撒上干糯米面粉，用擀面杖将粑粑厚薄均匀地摊开。在簸箕和竹席上自然阴晾成半干后，用剪刀剪成条块状或大小不等的各种

形状，然后晾干储存。此时，麻脆粑粑的半成品就算做成了。逢年过节客人来了，家庭主妇们就取出晾干的麻脆粑粑，放到高温油锅里一炸，“唰啦啦”地三翻两翻，几分钟，一块块金黄色的麻脆粑粑就可以摆到客人们面前。客人们一边品尝，一边竖起大拇指说：“麻脆粑粑真好吃！”此时，主人家心里热乎乎的，不仅给节日带来了一份其乐融融的感觉，而且平添了一份真挚的感情和友谊。

麻脆粑粑的特点，是酥、香、脆、甜，不上火；色泽金黄诱人，烧烤、油炸均可食用，是逢年过节馈赠亲朋好友的佳品。傣家人有一句谚语说：“金不贵，玉不贵，麻脆粑粑最珍贵。”言下之意，就是说要吃麻脆粑粑一定要付出辛勤劳动，相互团结协作。这是傣家人对甜美和幸福生活的一种向往，也是团结友好和幸福吉祥的象征。

五、米 花

元江傣族传统名特食品麻脆粑粑

米花是地道的元江傣族民间特色食品，采用民间传统的纯手工工艺制作，用料精细，色味俱全，香、酥、甜、脆，口感极佳，在元江享有盛誉，是逢年过节或平时馈赠亲朋好友的佳品。

米花，是元江傣族群众所喜爱的一种民间传统特色食品，也是元江的一种地方名特食品，傣语俗称“毫崩”。其制作时间可追溯到明朝初年，距今已有六百多年的历史，被誉为“宫廷米花”。据说当年永历皇帝途经元江时，就曾指定米花为臻品进贡给皇帝享用。

元江傣族米花与汉族的“米花糖”不一样，其制作方法、制作工艺和所用配料都不同，味道也是各具特色。元江傣族米花选用的原材料要求十分严格，必须是当年生产的原生态、无污染的新鲜糯米，再经过纯手工精心制作而成。

傣族米花的制作工艺流程，虽然不复杂，可是每一道工序都不能马虎，从选糯米、筛糯米、泡糯米、蒸糯米、拌糖糯米、凉糖糯米、油酥糯米，到形成米花、待客、包装、馈赠、销售等，每一个环节都必须严格认真把关，以确保质量。

傣族米花的制作方法，简单易学。第一步，选本地优质糯米

过筛，去杂质，用清水淘洗，并用清水泡数小时后装入甑子蒸熟；第二步，将蒸熟后的糯米倒入大盆内，按比例放入蜂蜜、蔗糖或冰糖、芝麻、核桃仁，拌匀后倒在竹席上，用竹筷均匀地摊开成20厘米大小的米饼，进行冷却，自然阴干，即为半成品，然后储存待用；第三步，食用前，将半成品倒入油锅内，用高温油锅煎炸，等米饼炸脆后漂在油面上时，即可起锅。采用猪板油炸成的米花，不仅具有猪油的浓香，还有芝麻、核桃油的清香，更有稻谷余香，在生产工艺和产品的风味上独树一帜。

标准的傣族米花，厚薄均匀，大小一致，色泽呈洁白或金黄色，口感酥脆化渣。由于色、香、味俱佳，米花在改革开放初期就被评定为玉溪地方名特优产品，现在集贸市场和各大超市里优质包装的“傣族米花”食品随处可见，甚至漂洋过海，出现在异国他乡。

元江傣族米花，以其独具特色的风味特点，深受广大群众喜爱，是旅游、休闲、馈赠亲朋好友的最佳风味食品。

六、油炸泡皮

油炸泡皮是元江傣族日常生活中普遍食用的一种风味食品，口感泡脆，皮泡肉香，香酥可口，风味独特，吃后爽口又爽心，现已成为元江的一大特色饮食。

来元江旅游的人，一提起傣味自然就会想到泡皮，因为泡皮是一道最具傣族风味的特色菜。

泡皮，当地人又叫油炸肉，其做法说简单也简单，说不简单也不简单，因为不是谁都可以做得好的。

过去元江傣族做泡皮都是在杀过年猪时，选用上好的三线肉，切成两寸左右宽的肉坨，放在大铁锅中用冷水煮

米花礼品盒

熟，肉熟后得改用文火慢慢煮，待肉坨中的水分全部去除后，肉坨开始出油时，即可出锅放入大桶或油缸中，之后再用炼熟了的猪板油浸泡封存。存放一至两月后，当肉坨表层上面的猪板油凝固形成白色的板块状时，就用专制的长竹筷从油缸内，一坨一坨把它夹出来，放入油锅中用文火慢慢炸香，直至炸到猪皮颜色微黄，就可以食用了。

油炸泡皮色泽金黄透亮，皮泡肉香，外酥里嫩，入口无渣，油

❶ 傣族大妈正在烹炸泡皮

❷ 香酥爽口的元江傣族风味食品油炸泡皮

而不腻，香脆而不燥热，吃起来有“咔嚓”声，爽口又爽心。真正能把这道菜做成功的，就数元江当地的傣族民间高人了。

已经炸泡了的泡皮，既可直接装盘食用，也可以用来做泡皮酸汤、泡皮肉汤、菜汤，老少皆宜，别有风味；还可以作为风味土特食品赠送亲朋好友，共享饕餮。

七、因远米干

因远米干是元江县因远白族的传统食品之一，是流传了数百年的传统民族食品。它与其他地方的米干相比，最大的不同之处就是：选用因远当地的优质红米和天然的清泉水，以纯手工方法制作而成。因远米干因其柔软滑口、薄而筋道、口感良好、风味独特而声名远扬，深得当地人及外地游客喜爱。

因远白族由于流离迁徙的年代久远，居住的自然环境及物产迥异，在传统饮食上虽与大理洱海边的白族有着共同的民族特色，但在某些方面还是截然不同。比如米干这种云南人普遍喜欢吃的民特食品，因远白族的制作方法及产品味道与其他地方的米干就不一样。

因远白族的米干以本地优质稻谷品种“因远红谷米”为原料，并以手推磨磨成米浆，在长宽约两尺的木框内，架空于沸水锅上面熏蒸而成。其厚度薄如纸，软而具韧性，无论煮食或凉拌，味道都异常可口。做出来的米干晾晒之后可分别做成丝或片，制成干货，便于储存和携带，称为

因远米干片是馈赠亲友的好礼品

“干米干”，是白族人馈赠亲朋好友的佳品。

因远米干的来历，与白族的一个节日有关，即“迎、送天子”节。早在四百多年前，因远白族每年都要过一个“迎天子、送天子”的节日，于每年的农历三月十六日至二十四日进行祭天子活动，用轿子将天子庙里供着的一对天子接到村子里来，挨家挨户地在村子里转，每转到一户门口时主人都会热情地接待抬天子的人，希望天子在自己家门口多停留一下或在自己家供一下；同时，也祭献供品给天子，求天子保佑自家风调雨顺、家族兴旺、平平安安。转完村子后，就把天子供到本村的公共香房里，让村民自由祭拜。七天之后，用同样的隆重仪式把天子送回天子庙，节日也算过完了。米干就是为了准备祭献给天子的祭品和招待抬轿子的人而发明创造出来的一种食品。从此以后，米干成为此节日中的一种新鲜物品和祭品。

后来，此节日也就慢慢演变成了现在的“三月会”，时间是每年农历三月十五日前后，地点是分别在五大村举办，其内容是迎祭五岳大帝，祈求保境安民、风调雨顺。米干成为白族“三月会”中的一种必不可少的祭品，它也在丰富着白族人的节日饮食内容。

至今，因远白族在每年的农历三月都有蒸米干、凉晒米干片的习俗。更特别的是，因远白族村里，如果哪一家即将生小孩子，全家人就会忙着提前一两个月蒸米干、凉晒米干片，储存好，作为产妇的专用食品和吉祥物品。给产妇吃这种米干，既方便又营养。

数百年来，因远白族一直保持着用本地稻米做原料、纯手工制作米干的传统。今天，因远白族传统米干早已声名远扬，产品大量销往县外，深得大众喜爱。

八、侨艺小吃

随着 20 世纪 60 年代红河、甘庄两个华侨农场的建立，大批来自印度尼西亚、越南等国家的归国华侨、侨眷就来到元江安居立业，也就把各具特色的异域饮食文化带到了元江，使元江餐桌百花园中又多了几朵美丽的花朵，侨艺风味小吃就是其中最亮丽的一朵。

“民以食为天”，在“吃”上做文章，元江红侨农场的印度尼西亚和越南的归侨、侨眷所做的美食，可谓做到了极致。他们能用最简单的材料，做出最精致的甜品，九层糕、蛋卷、黄金糕、千层蛋糕、小卷粉等，这些色香味俱全、带有异国情调的食品，全凭手工自制。在华侨们看来，甜品一旦掺杂了机械操作，无论口感还是品相都会大打折扣。因此，他们精心的制作和独具匠心的手艺，把浓浓的乡愁与不同地域文化的交融，在潜移默化中融入甜品。毋庸置疑，这一点，元

因远米干供不应求

江人颇有口福，足不出户便能品尝到各种异域风味；同时，侨艺小吃也无可厚非地成为元江人的美食宠儿。

元江县澧江街道红侨社区原为国营红河华侨农场，始建于1960年，曾先后接待安置侨居印度尼西亚、缅甸、柬埔寨、越南等国家的归国华侨1900余人。这些归侨、侨眷们自从在元江定居后，便把他们的各种生活技艺充分展示出来，也把制作侨味食品的手艺传给了当地人。

“无糕不成宴”，在印度尼西亚等国家，过年时招待贵宾都是端上精心制作的甜品。因此，每年春节前夕，元江红侨农场的印度尼西亚、越南归侨们便忙碌起来，都纷纷赶制糕点。九层糕是印度尼西亚归侨做年糕时的首选，此糕点顾名思义，就是九层叠加的糕点。做法很简单，将木薯粉和淀粉按一定比例混合，加上糖、椰浆、色素一层一层地蒸熟。制作九层糕的色素有不同的颜色，制出来的糕点味道也有不同，譬如黄色的榴莲味、绿色的香草味、巧克力色的可可味等等。蒸出来的糕点，颜色艳丽且层层分明，糕体晶莹剔透，味道香醇。

蛋卷又称火筒糕，是印度尼西亚归侨们比较喜欢做的一种糕点。其配料很有讲究，一斤面粉五个鸡蛋八两食糖，拌匀发酵一个晚上，待第二天食糖化掉后，加上猪油，并用专用的模具在电炉上烤，一个小时才能烤两斤。这样烤出的蛋卷既能保证烘烤均匀，又能做到口感酥脆。

千层蛋糕也是印度尼西亚归侨、侨眷们常做的一种糕点。它的制作方法是将上等的面粉、白糖、鸡蛋混合在一起，加上豆蔻、丁香、肉桂等香料，用制作蛋糕的方式，一层一层地烘焙，直到容器顶端。整个制作的过程不仅是对制作者技术的考验，还考验制作者的耐心。印度尼西亚千层蛋糕因为多种香料的结合，散发出高贵的浓郁香气，因此有“蛋糕皇后”的美称。

越南小卷粉是元江侨艺风味小吃中很有名、很好吃的一种风味食品。其制作很简单，先用精选大米浸泡后磨或打成米浆，再加入

适量米糊搅匀，轻轻用勺子舀一小勺米浆，倒在蒸锅的蒸笼布上，一分钟左右的时间，那些米浆随即转化为一层薄薄的粉片。然后用筷子和手将这些粉皮挪到瓷盘上，并趁热在粉片中卷入诸如木耳、芹菜、韭菜、拌碎猪肉等各种炒熟的可口菜类，就可装盘上桌，再配上精心制作的蘸料，就可美美地吃了。这个蘸料很讲究，包含酸、甜、咸、辣四味，主要原料是鱼露、辣椒段、盐、味精、胡椒等，这道侨艺小吃之所以好吃，有一半是靠此蘸料调出来的，据说调配蘸料是有秘诀的。

多年来，红侨农场的归侨、侨眷们将制作侨艺食品的手艺传给了周边的人们，以食会友，以情换爱。而今，侨艺小吃，这些异国他乡舌尖上的美味，也算在元江安营扎寨了。前来元江观光旅游的游客们也就可随时吃到这些异国他乡的美味了。

九、朵朵糕

在元江的大街小巷，总能找到你喜欢的美食，虾虾粉、

❶ 风味独特的越南小卷粉

❷ 独具特色的元江侨艺风味食品

凉米干、朵朵糕……这些小吃里，你能感受到元江特有的味道，爽口劲道，价格实惠，足让你花很少的钱却能收获最过瘾的味道。比如朵朵糕，一直是深藏在元江人心底的一道美食。

朵朵糕是元江很古老、很传统的一种风味小吃，也很有名气，可谓家喻户晓。早些时候，只能在路边小摊上看到它，但现在却成了各宾馆酒店早餐必备的食品；不仅本地人喜欢吃，就连熟悉元江的外地人也很喜欢吃，已成为一朵盛开在太阳城里的饮食奇葩。

每天清早，只要留心看，在街道两边人多的地方总能看见一两家卖朵朵糕的小摊。随着朵朵糕的香味飘向四方，路过的人们不约而同地走过来争先买朵朵糕，你一个，我一个，瞬间就把卖朵朵糕的小摊围得水泄不通……

朵朵糕的醇香并非元江人信口开河，这一点到过元江的朋友都有口皆碑。他们吃过朵朵糕之后，朵朵糕熟悉的味道总是意犹未尽地残存在他们记忆的味蕾中，于是，他们就循着这些难忘的味道，再次走进热坝元江……

朵朵糕是一种现煎现卖的小食品，制作也很简单，原料主要是糯米、白砂糖、鸡蛋、熟猪油。具体操作方法：首先把糯米漂洗浸水，磨成米浆；为了使其发酵、糯米中需加入适量的凉米饭。磨成米浆后装在缸里加盖发酵、加糖，待第二天清晨，把已发酵的米浆，舀到特制的圆形铁铸小容器里，把鸡蛋打碎，与米浆调匀，即可进行煎炸。

煎炸朵朵糕，首先要燃好一盆炭火，把铁制烤床支在火盆上，再把圆形微锅一个靠一个地摆在烤床上，待锅烧热后，用小汤匙把炼好的熟猪油舀进锅里，再把调制好的鸡蛋米浆舀进锅中，待底层煎至金黄色时，用细铁钎插入米糕底边，迅速把米糕翻过来反扣在锅内，继续煎炸，不时用铁钎插入糕心，观察米浆是否煎熟。不用一会，米糕便熟了，煎糕人只要用细铁钎插入糕中，轻轻一挑，便把香甜柔软、口感极好的朵朵糕，挑到盘中，拿给食客趁热食用。空锅里又可以继续放入米浆，轮流复始。朵朵糕出锅后，色泽金

过路人争先购买朵朵糕

黄，香气浓郁，外焦里嫩，酥松润滑，不焦不燥，甜中带酸，色香味俱全。朵朵糕，它就是一朵盛开在太阳城——元江的金色饮食奇葩。

是谁创造了朵朵糕？朵朵糕在元江有多少年历史？今天，这些问题都不重要了。现在，朵朵糕已经成为大众喜爱的知名特色小吃，已经成为元江游子难以割舍的思乡情怀……

十、夜市牛脚

“夜市牛脚”是元江特有的一道风味小吃，“啃牛脚”已成为元江夜市场上的一道风景。

夜幕降临，元江人都习惯出来纳凉消暑，吃点宵夜，大排挡是必不可少的选择，大排挡里的牛脚是元江一道亮丽的招牌小吃。

不知从什么时候开始，牛蹄筋悄然在元江落户，成为元江人的最爱，元江人形象地把吃牛蹄筋叫作“啃牛脚”。这道

元江传统特色食品
朵朵糕

牛蹄筋的吃法是：把牛脚用明火烧黄刮洗干净后炖烂来吃。上盘的牛蹄筋看上去晶莹透亮，吃起来滑腻爽口，感觉很有嚼头。最正宗的吃法是：要就着本地特有的专用佐料蘸水蘸着吃。牛脚蘸水神秘的配方令人欲罢不能，其味道惊世骇俗，一定让你边吃边赞不绝口，大快朵颐！

很多人对元江的牛脚情有独钟，“啃牛脚”已成为元江夜生活的一种时尚浪漫！如果有元江朋友对你说：“走，甩四十二码！”那就是请你去吃牛脚。

近年来，随着旅游业的快速发展，来元江观光旅游的人日益增多，品尝过元江夜市牛脚的人也就越来越多，元江“夜市牛脚”的名气也就越来越大，可谓声名远扬，吸引了不少外地游客来元江“啃牛脚”。特别是在节假日和周末，来自各地的私家车停满了元江城。许多从省城、外地慕名而来的朋友，在夜市大排档上斯文扫地，龇牙咧嘴“啃牛脚”的镜头随处可见……

来吧，来元江“啃牛脚”！元江这个太阳城一定会让你过目不忘、不虚此行！

❶ 夜市摊上“啃牛脚”

❷ 元江特有的风味小吃“牛蹄筋”

十一、麻辣螺蛳

螺蛳是元江各族人民自古以来都爱吃的一种水产品，吃法有多种，但最好吃、最美味的是麻辣螺蛳。麻辣螺蛳因其味道奇佳，具有麻、辣、鲜、爽、烫的独特风味，深受大众喜爱，已成为元江的一道独特风味小吃。

在以热著称的元江，每当夜幕降临、华灯初上之时，在静谧中撩起欲望的烧烤摊上，点上一份麻辣螺蛳一定是不错的选择。

元江热坝、山区参半，田中有取之不尽、用之不竭的田螺。食螺是人类饮食文化的重要内容之一，元江各族人民有着悠久的食螺传统。通常，元江人把食螺称作吸螺蛳，突出一个"吸"字，这一吸把螺蛳壳中的所有味道，尽数吸入口中。通过慢慢地咀嚼、细细地品尝其滋味，既饱了口福，又经过吸食过程完成了一项饶有趣味的艺术享受。

麻辣螺蛳的加工过程既简便，又很具特色。人们把田螺拿回家后，放在盆里用清水养起来，在盆里放一两件铁器，使田螺反胃，便将肠胃中的泥土杂物统统吐出来。田螺在盆中养三至五天，每天换两次清水，待脏物吐尽后，经过搓洗，用刀子或剪子砍（剪）去田螺尾部，把肠肚清除，然后用清水冲洗干净，就可以进锅连壳煮熟。在煮的过程中，加上油、盐、花椒、元江小米辣、薄荷、蓼草、芫荽、酸笋，煮熟后即可食用。其中，腌制的酸笋必不可少，它和田螺相伴烹调是绝配。

吃麻辣田螺，挑战着人们的耐心和技巧。螺蛳煮熟后，其嘴部的"门板"一般都自然脱落，螺蛳口是开着的，但螺蛳肉仍留在壳内。有经验的食客只要对着螺蛳口用力吸，在一声声诱人的"渍渍"声中连螺肉和汤汁一并吸入口中品尝，轻松地把螺蛳壳完整地丢弃。而没经验的食客，却只会闻着香味，流着口水，左顾右盼，不知从何下手；最后，只好在同伴的指导下，耐着性子，借用牙签才把螺肉挑出来放进口中。

新鲜出锅的麻辣田螺，肉质鲜美嫩滑、麻辣爽口、回味无穷，细致而有层次的香味在舌苔上滚动，能品出几成，全看你舌头的功力了。有的吃得高兴，索性把饭摆在一边，尽情地品尝螺螄的美味，一吃就是一大堆，桌上桌下，四处都是螺螄壳。在大碗田螺吃尽之后，再煮上一碗热气腾腾的面条，用麻辣田螺里的汤料拌着吃，别有一番滋味。

如此这般，一阵酣畅淋漓的美味后，这一天的夜生活才算真正的完美。

穿在身上的文化

元江县民族众多，民族服饰多姿多彩，服饰文化可谓五彩斑斓。民族服饰不仅仅是简单的御寒防风蔽身之物，它还是传统文化的精髓，承载着极其丰富的文化信息。服饰的色彩、款式和图案，既是民族生存区域地理环境的折射，也是族人社会身份、角色和年龄的标识，透露着生生不息、人物合一的生存理念。

一、哈尼族服饰

哈尼族服饰是哈尼族传统文化的精髓，制作工艺精湛，体现了哈尼族妇女的勤劳和智慧，其服饰上的每个图案符号所承载的文化信息远远超过我们所看到和想到的，是一个深奥而难以破译的密码。人们只有把目光回眸到远古时代，才能真正理解其深刻的内涵。

哈尼族服饰历史悠久、色彩斑斓、美观大方。早在清雍正年间《古今图书集成》中的《云南总部·窝泥考》中就有这样的记载："男人环耳跣足，妇人衣花布衫，以红白绵绳，辫发数绺，海贝杂珠，盘旋为螺髻，穿青黄珠，垂胸为络。"自古以来，哈尼服饰主要以自制黑色或青色土染布为主，经弹棉、纺线、拉线、织布、染布、裁缝、刺绣等繁杂的多种

❶ 元江哈尼族豪尼支系女子服饰

❷ 元江哈尼族糯比支系女子服饰

❸ 元江哈尼族碧约支系女子服饰

工序制作而成。

哈尼族服饰是哈尼族传统文化的精髓，不仅仅是简单的御寒防风蔽身之物，还承载着极其丰富的文化信息，是展示和追忆祖先迁徙壮举、英雄业绩的物化态载体。哈尼服饰的色彩、款式和图案，既是哈尼族生存区域地理环境的折射，也是哈尼族人社会身份、角色和年龄的标识，透露出哈尼族生生不息、人物合一的生存理念。元江哈尼族有十多个支系，每一个支系的服饰既有共同点也有差别。其服饰文化可谓五彩斑斓，制作工艺十分精湛，体现了哈尼族妇女的勤劳和智慧。服饰上所绣的每个图案、每个符号都有其深刻的内涵，它们所承载的文化信息都是一个深奥而难以破译的密码。

哈尼族服饰用青黑色自染布料为主，因为哈尼族以青黑色为美、为庄重、为圣洁，将青黑色视为吉祥色、生命色和保护色，所以，青黑色是哈尼族服饰的主色调。更为重要的是哈尼族崇尚黑色，认为黑色能够免除灾难，是哈尼族生命和民族的保护色。哈尼族无论男女，其服装均以黑色为主基调，这是其在漫长的迁徙过程中形成的历史沉重感和审美心理要求以及哀牢山自然环境和梯田稻作农业所决定的，而且，黑色对于一个以梯田农业为主要生产方式的高山农耕生产者来说，在保暖、耐脏、耐磨等方面都有独特优势。哈尼族服饰上的装饰物和刺绣图案，男子服饰一般以动物图案为主，女子服饰一般绣以各种色彩鲜艳的图纹并佩以银饰，实质上都是本民族生存区域地理环境的折光，也是对祖先英雄业绩的缅怀和记述。

哈尼族服饰无论在原料、色彩的选择还是在款式、装饰手法的运用上，都与梯田农耕生产密切相关。因为梯田农耕生产和梯田文化为主体的社会意识形态和社会生活方式，决定了其服饰主要以反映梯田文化内涵、适应梯田生产需要为原则，这是哈尼族服饰的共性。但哈尼族支系繁多，各支系的服饰各具特点，服饰图案装饰性特征十分突出，它重视外部形式的美感，运用大量写实和写意的方法进行装饰。例如，在对梯田的表现上，就运用了写意的方法，把梯田最大程度地进行简化，用三角纹、直条纹、方形纹这些简洁的

几何形图纹来表现梯田的特征。尽管这些纹饰与现实中的梯田有一定的距离，但却表现了对梯田外部形式美的追求。哈尼族服饰图案的这种简约的写实写意的装饰手法，无疑正好符合现代人的审美取向，而且在服饰图案中，哈尼人以最简洁的方式展现了自己独特的生活环境，具有鲜明的个性，也符合现代人特别是年轻人讲究个性张扬的性格特质。哈尼族的服饰图案在使用“形式美”法则时，还很注重图案的和谐，不仅应用了比例、对比、对称的法则，还运用了均衡、节奏、

元江哈尼族多塔支系女子服饰

元江哈尼族梭比支系支男、女服饰

韵律、联想等法则，在统一中求变化，在多样中求统一，力求在视觉上达到完美。纹饰上，采用了直条纹、三角纹、菱形纹等。装饰手法上，运用了刺绣、布贴、缀挂等工艺。图中的直条纹和三角纹等代表的是简化后的梯田，特别是根据各种银泡的组合构成的三角纹，配以连续的树形纹，加以数字纹饰，使整幅图案在视觉上给人以不同的色彩和材质变化，并在变化中达到完美的装饰效果。

哈尼族服饰的整个制作工艺均扎根于哈尼人民的生活环境中，有着独特的思维模式和审美理想，体现着哈尼族的传统文化，是哈尼人民认识自然、改造自然的一种积累。

❶ 元江哈尼族糯美支系女子服饰

❷ 元江哈尼族布都支系女子服饰

二、彝族服饰

元江彝族服饰的多样性，在于生活过程中服饰的多变性，根据年龄、节日等各有区别，四个支系的服装又各不相同，所以在这个百花园里，你不仅可以感受到“隔山话不同”，也可以看到“隔河衣不同”的异样风景。

彝族服饰种类繁多，色彩纷呈。彝族服饰的款式多达300种之多，为中国民族服饰之冠。彝族服饰上的装点都与自然崇拜和生产、生活有着密切的联系。在漫长的历史发展过程中，生活在不同地区的彝族人民创造和形成了各自不同的服饰习俗。彝族服饰，不仅有性别、年龄、盛装、常装之别，还有婚服、丧服、祭服、成服等各种专用服饰。彝族的服饰具有非常独特的民族风格，其形成与发展是彝族在长期的社会实践中依据所处环境的自然条件以及经济生产的便利程度和人们的审美心理、习俗文化所决定的。它既有历史传承性，又是随社会发展而不断演进变化的一种特质文化。

自民国以来，元江彝族已改裙为裤，跣足的习惯已渐为穿鞋之风所取代。现在，除了个别地方的彝族老人服装仍用自纺自织的土布制作外，已普遍采用机制棉布、绸缎、化纤等各种面料。

元江彝族的服装，男装基本相同，衣为对襟短衣，以衣领绣一排犬牙花边，用银毫做点缀，系一宽布腰带等为饰。多在衣外罩一件无袖黑色对襟褂或套一张生羊皮，领褂多沿领口襟边镶绣一条白底花边，但这种服装随着社会的发展和各种文化的融合，已经慢慢退出生活舞台。现在彝族男子服饰渐改时装，除少数老年人仍着对襟粗布衣和扭裆裤外，青壮年男女服饰基本趋于完全时装化而融于各民族之中。

相较之下，彝族女装服饰艳丽多彩，善用银饰，尤以头饰和腰饰最为醒目，各支系之间以及同一支系不同地域之间的特征、婚否区别等等，均可由彝族妇女服饰的差异来表现。头饰根据地域分布各有不同。澧江街道莫朗一带的妇女头饰，头巾垫宽约 15 厘米，从额际向脑后铺垫，外用各色布条镶成色调韵律感和谐的条形色阶，头顶盖一块尾部折裙形收拢或成条的三角形玄色头巾，用尾条绕拢一圈别紧而成头饰。青龙厂一带的聂苏，把长发编成一条独辫，辫稍结两长串银珠，随发辫缠绕于顶，用一条长约 1 米、宽约 0.24 米，两端刺绣精美图案的青布长巾为包头，将头巾中部对额际并盖以头顶向后绕过，收成圆状打结，头巾的两个尾别于脑后，伸出两截刺绣精美的巾角，未婚或未育女子多于大辫两侧再扎两股小辫。

元江彝族支系山苏女子服饰

以前聂苏妇女的衣裳均为长尾衣，上下两截。上截用自织的青蓝色土线布制成，袖长及腕，以银币或大银扣将大襟扣于右腋下，银光闪闪，其样式十分美丽。下截用白布或其他布料缝合而成，在上衣后摆下面有块尾巴，两股飘带，飘带上绣满花、鸟、鱼、草等吉祥图案，装饰十分精美。在青龙厂、莫朗一带的妇女，胸前束围腰带，缀五色缨络，刺绣特别美观。后来，由于各种因素，洼垤、龙潭的妇女都改装成下穿青色或蓝色宽裆长裤，上穿有领圆口左大襟浅蓝色短衣，脚穿自制的勾尖绣花鞋。

现在的聂苏支系妇女多着青蓝色右衽衣，可分长、短两类，长襟衣多及于小腿，短襟衣多分内外，外衣无领而袖短，内衣小立领

镶以银泡，长袖、内外衣的领口、袖管、襟边多镶绣各色精美花边，两衣叠穿，显露出多层花边刺绣。多用银链系挂一块花围腰于腹部，围腰多以青布为底，或中间镶一块绣花色布，或绣制各种花边图案。后来逐渐演变，下装多为折腰大管裤，裤脚口镶滚花边，多穿自制绣花勾尖千层布鞋，现除少数老年妇女外，这种千层底的绣花勾尖鞋已鲜有人穿了。

山苏妇女的服饰近似聂苏。

仆拉妇女遵循着“衣不过腰，裤不过膝”的着装原则。上衣为纯白土布，裤为蓝色，多将折叠规整的包头勒于脑门，年轻女子还在额前包头上面系着一大蓬红、黄缨穗作为点缀。

腊鲁支系的妇女，头上多绕一条宽约 0.85 米、长约 6 米的玄色大盘头帕，形如笠帽，帕顶绣的精美花边，露于头顶两侧。据说其在山间劳动时，可用头帕为小孩搭凉棚。身着右衽短襟衣，外套一件黑色面料的对襟领褂，顺两襟中边各缀一排银扣并各镶一道宽约 4 厘米的红绿横条花边，窄袖管自臂以下镶满色布及花边，外出劳作时多披一张生羊皮。腹前的绣花围腰饰满银泡，以

❶ 元江彝族聂苏支系女子服饰（青龙厂一带彝族）

❷ 元江彝族支系仆拉女子服饰

银芝麻链系挂于胸前，并以绣花腰带固定于腰部。

如今，许多彝族青年男女都只在逢年过节的时候穿彝族服装，平时都已改穿时装了。

三、傣族服饰

元江傣族支系繁多，有着多样性的服饰文化，每个傣族支系都根据自己的生活习惯和地理环境，形成了自己的审美特点，并大胆地运用在民族服饰上，从而使傣族服饰显得尤为多姿多彩。

傣族是元江的一道美丽风景线，他们主要生活在低海拔、水丰树茂的平坝地区，由花腰傣、黑傣、汉傣、水傣等支系组成，每个支系都有不同的支系语言，其服饰也各有不同，但都色彩绚丽、斑斓，银饰琳琅满目。

❶ 元江傣族支系傣得（东峨花腰）女子服饰

❷ 元江傣族支系傣雅（小头花腰）女子服饰

元江傣族支系傣仲（大头花腰）女子服饰

傣族的服饰更多地体现了织染文化的发展，每个支系根据自己的传承和喜好发展，有其独特的织染方式和别样的花饰，服饰种类繁多，色彩纷呈，是傣族传统文化和审美意识的具体体现。

据说元江的花腰傣是古代傣族南迁的落伍者，是滇王室的后裔。所以花腰傣的服饰显得富丽雍容。早先的傣族妇女衣饰有长幼的区分，简单的从头饰上来看，年轻女孩子包头的两侧垂下的是飘逸的流苏彩线，已婚妇女则是手工织边的布条，除此外，还要戴上篱帽，篱帽下包头后面要遮盖一块传统的黑色织锦。现在已经简化和美化了很多，对已婚和未婚的装束不再有约束，只要符合大众对花腰傣色彩斑斓、花锦束腰的审美即可。

花腰傣对服饰的穿着很有讲究，一般在盛大节日，妇女们都要先洗漱干净。每个妇女都会有一根牛骨做成的头钗，有些是带有香味的檀香木钗，用来固定在头顶绾好的发髻，头钗上都会带有一米左右长的线用来捆绑固定发髻，然后用一块手工织锦把发髻多层包裹，再包上手工织边的传统黑色织锦，中间必须得用彩色的手工织粗布，手工织边的色彩一定要翻在外面。上衣分为内外两件，一件贴身内衣为圆领左衽，多用传统土织布制成，长及腹部，下摆处饰以手工织边的精细花纹或者钉上代表财富的银泡，正常传统的内衣纽扣处，必须钉上大颗大串的银泡做装饰，外衣无领无纽，长短正好盖住胸部，领边钉满银泡以美饰。袖细长可及腕，并以数道彩色丝线装饰于下截。筒裙长至膝或下腿处，以五颜六色的丝线和布料绣饰裙边。穿裙时，由头顶往下套，左侧呈横斜状，即左方翘起略高于右方。筒裙打折于腰间，并以一条自织的彩带绕数周，既可系裙，又可束腰，再系上色彩斑斓的围裙，围裙上下部都要手工绣上花腰傣特色纹饰的图案，色彩斑斓，有时可系上两层或者三层，以突出腰部的花饰，

❶ 元江傣族支系傣郎（黑傣）女子服饰

❷ 元江傣族支系傣卡（汉傣）女子服饰

臀部还系上一块钉满银泡彩色流苏的围片，一条被叫作“鸭嘴”的银泡腰带从后面系好后拉到前面翘起的筒裙上，走路的时候会发出银泡撞击的“碴碴”声，无论从哪个角度看都可以体现妇女婀娜的身姿。“花腰”的名字，也由此而来。

现在很少有人愿意学习烦琐的包头，所以简化了很多，有些直接做成帽子形式，套上就行。必须翘起左边筒裙的穿着也让年轻人为之头疼，心灵手巧的妈妈们就直接把筒裙做成翘起左侧裙摆，腰部直接装上松紧带的简便筒裙，再不会穿的年轻人直接套上即可穿出一身美丽花腰来。不过这样的过程却少了皇族更衣时候的庄重。

元江黑傣服饰比花腰傣简便，手袖也要比花腰傣更短，刺绣花纹接近哈尼族的刺绣。黑傣的头饰是戴上直接做成的帽子，帽子也以银饰为主，衣服采用左右对襟扣，衣服都要绣上色彩斑斓、花饰色彩对比强烈的花边。小腿包上自己织的锦布，以示为美。

元江汉傣的服饰风格介于花腰傣和黑傣的服饰之间。汉傣的头饰比其他傣族的更为精细，挑花刺绣都体现出了汉傣妇女的心灵手巧。汉傣的上衣分为两件，里面贴身背心和花腰傣族一样，用很多的银泡做装饰，衣袖也是长及手腕，正统的穿着是必须把袖子收缩在袖子里一点，把带有花边的袖边放到七分袖左右。值得一提的是她们的竹篱帽，用竹片编成后要上一层油漆，做工极为精细，外衣后背面绣有很多精美的花纹和花边。汉傣的服饰色彩搭配更深厚，绣品更能体现雍容华贵的特质。

生活在元江的水傣与西双版纳的水傣在服饰上有着天壤之别，也不过泼水节，而是过“蒙面情歌节（会）”。水傣的服饰以织锦为主，织锦图案丰富多彩，色调鲜艳。水傣织锦运用广泛，可以做成衣裤和家里的各种日用品，如被面、挎包等，织锦上的图案为栩栩如生的各种飞禽走兽、花鸟虫鱼等与生活密切相关的动植物，展现了他们聪明美丽的一面。水傣妇女服饰是对襟扣，衣服和裤子都是用织锦做成。帽子采用传统的织锦为主，“蒙面情歌节（会）”的时候女孩子们用来蒙面的方巾，既是用来遮羞也是在比较哪个姑娘的手工更灵巧，这样更能获得心上人的青睐。

元江傣族男子的服饰差别不大，一般常穿无领对襟或大襟小袖短衫，下着长管裤，以白布、水红布或蓝布包头。傣族男子一般不戴饰物，偶尔也会有人戴银手镯，有在胸、背、腹、四肢等部位文身的习俗，一般把狮虎、麒麟、孔雀等动物的图案描绘在身上，以示勇敢或祈求吉祥之意。

四、白族服饰

元江白族服装在元江少数民族中别具一格，特色鲜明。其服饰颜色以洁净的白色为主，配以青色等其他颜色，色彩分明，线条突出，简洁明亮，十分协调，很富有地方民族特色，给人以质朴、大方的美感。

位于西南边陲的白族历史渊源悠久，文化底蕴深厚，尤其是服饰文化，有着绚丽多姿的民族风情与独特风姿。

因远白族的传统服饰，在内容上保持了滇西剑川白族的“清浆白洗”之传统风格，以“青”“白”两色为美；但形式上却因地制宜，适应了亚热带气候特征，与滇西白族有着较大的差别。

男子裹白色长毛巾为头帕，上穿漂白对襟衬衣，外套青、黑色领褂，下穿宽裆青、蓝色长裤，着白毛边底布鞋或麻线编织的凉鞋。

元江白族中年妇女服饰

妇女喜用灰线绞面部、修眉，蓄长发辫盘于顶。中年妇女头包一条青白相间、横向交叉、形如花枋的布巾（两端为青色、中间为白色），白的部分露在前方；上戴一顶四块青色布拼叠的夹层“鱼尾帽”，白语称“三角帽”，并以银泡做扣饰。身着土布大襟、圆领、过膝、粉蓝细布卷袖开大叉的长衣，胸扣均以大小银泡做饰。脚着“凤头鞋”，又称“勾头鞋”，喜用蓝色面料，红镶边，与上衣袖口蓝色遥相呼应。

随着历史的变迁、岁月的流逝，白族的服饰也悄然发生着变化。但白族服饰的形成总是受到特定的习俗和思想方式剪裁的影响，其服饰自成一体、别具一格，始终保持着不同于其他民族的独有魅力。时过境迁，由于受外来迁入的汉族文化以及社会发展的影响，因远白族的服饰在潜移默化中已渐渐被汉化，和其他一些少数民族一样，多数白族青年只有在盛大节日时候才会把本民族的服装穿在身上，平时都是穿现代时装。

元江白族少女服饰

民族智慧的结晶

哈尼族手工银饰品、彝族仆拉原始制陶术、元江傣锦、白族雕刻等等这些精美的民族手工艺品，凝聚着元江各族人民生活的智慧，就像是沉淀在历史长河中的璀璨明珠，散发着耀眼的光芒。

一、哈尼族银饰品

银制品是许多少数民族喜欢佩戴的一种金属饰品，因为银最容易制作成各式各样的佩戴物，而且佩戴在身上，银光闪闪，是一道亮丽的风景线，难怪哈尼女性会钟爱它！

元江哈尼族有糯比、糯美、豪尼、多塔、白宏等十多个支系，分布在那诺、羊街、咪哩、曼来、因远等多个乡镇。由于支系较多，所以哈尼族服饰多彩多样、五彩斑斓、绚丽多姿，令人眼花缭乱、美不胜收。

形式各异、多姿多彩、工艺精湛的哈尼族服饰，它的美丽，大家自然是公认的。藏青或黑、蓝色的自纺土布，纯朴的手工制作，细致的刺绣，彩色的花边，奇特的图案，异样的彩穗，每一种都吸引众人的目光，不得不令人赞叹。但最

1

让人震撼的还是要数装饰在服装上的琳琅满目的银饰品，这些银饰品简直就是对美的淋漓尽致的诠释。如果哈尼族服饰缺少银饰品，那哈尼族的服饰也将黯然，也将不成为哈尼族服饰。

以银制品为主，多用银、善用银，是哈尼族传统服饰的特点，从头到脚无处不用银制品作为装饰，给朴素的黑衣增添了光彩和华贵，男的彰显英武帅气，女的颇具浪漫多情。在藏青或黑色的布料上缝缀上银白色的银制品，十分醒目，形成强烈的对比，黑白分明的颜色，给人完美的视觉享受。穿上缀有漂亮银饰品的服装走路，那些阳光下闪闪生辉的银饰品发出节奏清脆的“叮铃”声，不得不让从旁经过的路人竖耳聆听或回头观赏。银饰品除美观外，还具有地位的象征、族人社会身份和角色标识等作用，佩戴得越多，越能体现勤劳能干、持家有方、家庭富有。哈尼人一旦当了父母，会逐渐减去鲜艳饰物，45 岁以后，男子的银链、银泡等饰物都要从服装上取下来，不再佩戴，把它们传给其后代佩戴或留作纪念。

哈尼族银制品多缝缀在服装上或者用作首饰。银制品的种类很多，小的有银泡、银珠、银片、银币、银环、银铃、银扣等，大的有大银泡、银牌、银链、银穗子、银项圈等；造型逼

❶ ❷ 哈尼族银饰品

真的有针筒、耳勺、银鱼、银塔、银蒜果、银乳丁等；单独做首饰品的有手镯、手链、项链、项圈、戒指、耳环、胸牌、胸坠等；还有银制的链、铃、勺、环、扣、筒、乳丁、鱼、牌等一起组合的大挂件等。尤其龙头银镯、乳丁银胸牌、银鱼胸坠等独具特色的大件饰品让人肃然起敬、叹为观止。这三个饰品表面刻有图案及花草纹络，上面的龙、鱼、蝴蝶活灵活现，形象显眼逼真，过目不忘。

哈尼族银饰品

糯美、糯比支系女子头饰（帽子），多用银泡、银币装饰，帽子前方用一排15颗共有10排的银泡进行缝制，帽子的后面是用5串银币镶嵌，每串由5枚银币组成；胸前领口处挂着两个银蒜果或银螺，衣襟两边上下镶嵌单排或双排银币，每排7枚。西摩洛支系的衣服用银较少，但腰带上缝缀的银泡却多达数十颗甚至上百颗。白宏支系的姑娘佩戴缀银泡的布帽，并加缀银鱼、银铃等。卡多支系的服饰以镶银片的带子系挂于颈。总之，银泡和银币是制作哈尼服饰不能缺少的材料，而且多数镶嵌在服饰胸前。

多塔支系的妇女服饰及银饰品更独具特色，穿在身上显得雍荣华贵，艳丽多彩。元江民间民族工艺师李梅挖掘、整理并传承哈尼服饰制作技艺，亲自手工缝制了一套哈尼新娘嫁装，华丽无比，弥补了这款服饰在民间消失60年的遗憾和空白。这套服装，单是缝缀在服装上的银饰品价值就超过了四万元人民币，2013年将这套新娘装送去参加云南省文博会展览时，吸引了所有参观者驻足观看，成为文博会上一道亮丽的风景线，并在展品评比中荣获银奖，为元江乃至玉溪争得了荣誉。

二、仆拉原始制陶术

陶器自古以来就是很多少数民族生活中十分重要的生活器具，各民族都有其独特的制陶技艺，但随着时代的发展和社会的进步，大多数民族的原始制陶技术已退出了历史舞台。然而，元江县的彝族支系仆拉人至今却还保留着古老的原始制陶技术，他们不仅完整地保留有制陶的原始形态和特征，还仍然遵循“传女不传男”的祖训，制陶时严禁外人或男人偷看，给这门古老制陶术披上了一层神秘的面纱……

在位于元江县城西边 10 千米处的蒙乐山上有一个名叫“土锅寨”的村子，村里世代居住着彝族的一个支系——仆拉人。在这里，至今仍完整地保留着原始的制陶术，还在按照最原始的制陶技术和制陶工具生产元江有名的陶瓷制品——土锅。

很早时候，仆拉的老手艺人曾立下祖训：制陶技术“传女不传男，传内不传外”。听了这个祖训，就让人觉得这个祖训与其他许多手艺的传承方式不一样——其他手艺是“传男不传女”，而这个手艺却恰好相反，这就不得不让人们对仆拉的制陶术感到神秘与好奇，都想探个究竟。

仆拉原始制陶术，说它原始，还真的挺原始：一是制作工具简单；二是操作过程纯属手工制作。另外，露天明火烧

❶ 仆拉原始制陶工艺——成品

❷ 仆拉原始制陶工艺——制胚

陶也最能体现古老和原始。其制陶工具，能闯入人们视线的仅仅是一台老旧的木制圆盘（慢转轮）、几颗光滑的鹅卵石、若干小竹片、敲击木板、筛子、木锤，外加一个装水的盆。制陶的工艺流程看起来也较简单，主要有六个过程：采泥、舂泥、和泥、制陶胚、晒陶、烧陶。

仆拉原始制陶术看似简单，其实一点也不简单，要做出好的陶器难度还是很大。否则，元江哪会出现这个制陶技艺即将消失的境地。仆拉制陶术说它难，不仅仅是因为费时费力，它还有些玄机和秘密在其间。不说选土要选颜色偏红有黏性，也不说料土要敲得细碎，用筛子去粗取精，单说烧陶的这一关，就足够你纠结和郁闷。比如，烧陶的燃料只用稻草和一些湿树枝、晒好的陶如何放置烧、用时多少、火候如何掌握等等问题，都必须一一弄明白。特别是不用装窑，在平整的场地上烧制成器的技艺，堪称“神奇”。

仆拉原始制陶术做出的常见陶器以锅、缸、碗、罐居多，少有葫芦、酒壶、饭钵等器具，所有品类累加起来大小共有二十多样生活用品。锅有大、小土火锅；缸也有大有小，大的像老水牛肚子，用来装水、装米，小的有捂手缸、喝水缸；罐有熬汤罐、腌菜罐、熬粥罐、煨药罐，习惯喝中药的人家煨药罐是必备品。现在，居然看见有人用陶制的花盆栽花，听说那是和“土锅寨”老艺人订做的。仆拉制陶品，通风透气好，能防虫防鼠。用土锅煮出的饭菜色香味俱佳，夏季，喝上一口用土缸装的清水，甘甜回味，全身清凉无比。

仆拉制作的陶器，在过去的岁月里，与人们的家居生活息息相关，很有市场。所以，严格的“传女不传男，传内不传外”的祖训是由于生活所迫才制定的，目的是严防外人或男人偷看、偷学把技艺偷走。有资料表明，新中国成立以前，仆拉人还残留接近母系氏族时期的那种原始生活遗风，女人地位高，掌管家政大权。所以，仆拉制陶术“传女不传男”实属正常现象。万一自己的生存技能——祖传的制陶术，一旦被人尤其是外人所掌握，那么生存压力

2

锦上添花——元江傣族刺绣

就会增大，一家人的生活将面临威胁和困境，甚至被饿死。仆拉人制作陶器是用来换取其他食物，如换米、盐、蔬菜等，以维持生计。制陶技艺的保密工作之重要性可想而知。

今天，元江市场上还看得见仆拉人制作的土陶，人们习惯把它们统称为“土锅”。因其具有独特的、现代各种铁制铜制产品所无法替代的优秀品质，时至今日，“土锅”仍然在市场上占有一席之地。而且因掌握制陶技艺的人越来越少，土锅寨生产的“土锅”还变得十分紧俏起来，要买仆拉“土锅”还得趁早呢！

三、傣 锦

傣锦，是广泛流传于傣族地区的一种民间工艺品，不仅具有浓郁的地方特色，而且富有鲜明的傣族文化特征和个性美。

傣锦图案的设计是通过熟练的纺织技巧创造出来的，一般多为单色面料，用纬线起花，通过挑花、压花、编花、拼花等手法，对花纹的组织非常严谨。织造时傣族妇女坐在高高的织机床上，将不

傣族妇女在织锦

同花纹所需的几百根线条组织，用一根根细绳将其一一对应地系在“纹板”（花案）上，然后用手担、脚蹬的分列式动作，使其经线形成上下两层，之后开始用左、右手进行交叉投纬，如此反复循环或不断变换技法，便可织成十分精美、漂亮的傣锦。要设计一幅傣锦，往往需几百乃至上千根细绳在“纹板”上一一表现出来，倘若结错一根线条，就会使整幅傣锦图案发生错乱，失去精确度和美感，可见傣锦的工艺要求极为严格。

元江傣锦的历史非常悠久，在《后汉书 · 南蛮西南夷列传》中就有“知染采文绣，兰干细布，织成文章如绫锦”的记载。如今，傣锦工艺在继承传统的基础上有了很大发展，被广泛地应用于日常生活和旅游产品，而元江境内七个不同自称的傣族支系（傣仲、傣雅、傣泐、傣涨、傣郎、傣卡、傣得），他们在傣锦的制作方面，又有各自不同的表现形式、内容和色彩。如傣雅（花腰傣）的织锦色彩以大红、大绿为主，傣泐（俗称水傣）以大红、大蓝为主，傣涨（甘庄傣）则以紫红和淡蓝色为主，傣得（花腰傣）以红色和白色相间为主，傣郎（俗称黑傣）以黑色、红色和白色相间为主等。所表现的内容和图案也都有一定差异，比如傣得的图案一般以单支突出的花、草、虫、鱼、鸟、兽为主要表现形式；傣涨是以碎花、细花等手法点缀人物为主；傣泐则以变异的花形，采用近似几何文字符号的形式来表现其主要内容；傣雅是以花花绿绿的颜色作为装饰和点缀景物。

2005 年一位普通的元江傣族农村妇女刀丽华获得了云南省优秀民间艺人（织锦）称号以后，在傣族中产生了极大反响。一时间，刀丽华所在的这个原本普通的傣族村寨在省内声名鹊起，备受关注。现在，元江傣族村寨里中青年妇女们织锦、刺绣的身影随处可见，一块织锦、一件做工精美的花衣在美国、西欧市场卖价几千甚至上万美元已不足为奇。在国内不管是城市、乡村，穿民族服装已经成为一种时尚。夏天有的人穿上一件来自少数民族地区的花筒裙、镶边的彩色小马褂，冬天有人戴上民族手工织绣的围巾和披肩，十分自然地凸显出自己的独特个性。有的则佩戴着少数民族彩线编织的手环，或在脖子上、脚踝下挂一件小巧玲珑、造型别致的骨雕，用少数民族饰品突出自己与众不同的气质。所有这些用民族文化元素点缀现代生活的过客，给充满流行元素的城市、闹街上平添了不少传统的文化内涵。而在这些民族服饰中，就有丰富多彩的傣锦，看见现代人那么喜欢傣锦，那些心灵手巧的傣族女子就觉得自己的手艺总算得到了现代人的承认和赏识，心里充满自豪。

元江傣锦工艺的特点是采用红、黄、蓝、黑、翠、绿相结合，图案有吉祥鸟、孔雀、鸳鸯、狮、象、虫、鱼、云彩、太阳、树木、人物、花卉等，织幅一般 20~30 厘米，长度 50 厘米左右，多用作日常生活被面、床单、床罩、枕套、围巾、披肩，也做工艺美术装饰织品等。充满着自然元素的傣锦，不仅具有强烈的地方民族色彩和浓郁的生活气息，色彩艳丽多姿，图案丰富多彩，而且织艺精巧，制作精良，雍容华贵，美观实用。

绚丽多彩的元江傣锦

傣锦图案中不仅有特种珍禽异兽、奇花异草和几何、文字符号等，而且每一种图案的色彩、纹样都有着具体的表达意思和内涵。如红、黄、绿、蓝四种颜色是为了纪念祖先和表示对自然的崇拜。一般而言红色代表太阳，黄色代表皇权，绿色代表大自然，蓝色象征美好与希望。孔雀图案象征吉祥如意；狮子和大象同时象征着和平与英雄；吉祥鸟、鸳鸯等则象征着美好与爱情；而人与鱼及其他花草树木组成的图案，则象征着五谷丰登、富贵吉祥等其他含义。这些寓意深远、色彩斑斓的图案，充分显示了傣族人民勤劳勇敢、聪明智慧和对美好生活的追求与向往。

在艺术审美方面，傣锦也有其不同的视觉，如生活中一些往往不被人看重的小昆虫、小花草，经过处理，或简化或夸张变形，便抽象为几何图案纹样；用“人化”和艺术化了的自然，平添出效果显著的装饰性和情趣性的艺术品，而通过人文化了的思想性和意境的表达，更加突出了人与自然和谐的关系，使其现实生活比原来的自然更美、更可爱。

在色彩变化和搭配上，尤其是花腰傣的傣锦喜欢用黑色和蓝色为底，在方格和菱形格子内用各种彩色丝线交叉编织花案；每一个图案精彩部位又加衬金线、银线，五颜六色，虽繁杂而不凌乱，充分体现出花腰傣的文化个性。

时下，元江傣锦以其鲜明的色调、瑰丽的图案、浓郁的地方民族风格受到各族人民及缅甸、泰国等东南亚及世界各国人民的喜爱，享誉国内外。

四、白族雕刻

白族雕刻在元江久负盛名，走近因远，走进白族村寨，你会发现各种雕刻无处不在，楼堂庙宇，窗棂阁楼，飞鸟走兽，花草虫鱼，随处可见。当然，也还有其他的一些精妙工艺。眼见为实，还是自己去看吧。

在元江，要说雕刻，因远镇的白族雕刻最为典型、最有代表性。因远白族的雕刻多为石雕和木雕，而且这种木雕和石雕的运用比较广泛，涉及生活、生产、居住等各个方面，庙宇楼堂、门窗、摆设等都有木雕和石雕的运用，雕刻的内容多姿多彩，有飞禽走兽、花鸟虫鱼、龙凤等等动植物。

木雕中最有代表性的建筑是因远妙莲寺大佛殿，大殿建在妙莲寺第三台基上，十八柱，单檐，收山式庑殿建筑，平面布局呈正方形，面阔三间，进深三间，明间较大，间宽 5.5 米，侧间较小，间宽 3.2 米，面阔通宽 13.3 米；梁柱属穿斗结构，柱体粗大圆体，柱脚粗，柱头略细，侧间柱脚外蹬，稳定性极好，斗拱硕大，较完整地保留了元代建筑的基本特点；明间为六扇五抹雕花格子门，刻工很有特色，侧间为方形窗，朴实大方。据史料记载，因远白族地区 9 个村落原共有庙、阁、宫、亭、堂、寺、宗祠等 90 处古建筑中，在其内部都钉挂有多寡不等的木制板（楹）联，这些板联多数是请外地和本地知名书法家或官员用正楷、草书和隶书字体题写，如因远李氏板（楹）联书法由清代著名书法家王文治书写，红安村李氏板联由元江地方官员汤国候书写，体裁多以建筑物的坐落、方位和作用为题进行发挥。但木刻的这些艺术品，不同于石雕品，相当容易遗失或受损，因而基本都不复存在，十分可惜。

❶ 元江因远白族的木雕作品

❷ 元江县因远镇白族根雕艺人李元生和他的“聂耳系列”根雕作品

因远白族的雕刻，无论是石雕还是木雕都体现着雕刻艺术风格与人文历史景观理念，特别是石雕，其艺术风格与人文历史内涵及景观，可以说在滇南各地乡镇一级的民族地方并不多见。但最能体现作品的艺术风格、突出人文历史内涵及其景观的，首推因远、安定等村白族地方名人的牌楼式、牌位式墓碑及其碑刻。这些墓碑的材料，均为当地特产纯青石，质地坚韧细腻，刚柔相济，色泽蔚若蓝天，且加工成形后运用银器再加工打磨过的碑体，光滑如镜，可以透影，故碑体及雕刻在上面的图像、碑文，虽经数百年风雨飘摇、霜雪侵蚀，却不破不烂，明晰如初。

石雕多见于墓碑，这些碑刻造型有的堂皇伟丽，有的朴实无华，这种繁华与简单，与当时墓碑主人的社会地位关系很大，但作为石雕，都证明了因远白族人文历史景观之精华。只是这些具有观赏保留价值和缅怀纪念意义的文化遗产，在历史的沧桑岁月中，许多都毁于一旦，难得一见了。

元江现时的雕刻以木雕（主要为根雕）为主，以因远镇安定村的李元生为代表，把雕刻艺术升华到一个新高度。

李元生虽是一个小学文化毕业的普通农民，但他从小具有雕刻的天赋。中年后，为了传承升华白族的雕刻艺术，他自费到大理剑川考察学习，同时也到省内雕刻水平较高的其他地方进行了考察。回到家后，又结合书刊资料，制订了一套周密的根（透）雕计划，并凭借自身敏锐的目光和坚定的信心，经过多年不懈努力，在根（透）雕创作方面取得了优异的成绩，前后共完成根（透）雕作品两百余件，作品均在省、市各种展览会上展出过，并多次获得省级比赛金奖。其中，他所创作的特大型根（透）雕艺术作品《九龙十八宝》扬名海内外，为因远白族雕刻艺术的发展开创了跨时代的里程碑，并填补了因远白族雕刻艺术的空白，丰富和发展了因远白族雕刻艺术的内涵，创新和升华了白族雕刻工艺，把白族雕刻文化推向了一个崭新的阶段。

除李元生外，根（透）雕技艺后起之秀有其子李将福、侄子李清福及胥云忠、刘雪兵等人，他们也和李元生一道，为因远白族根（透）雕技艺水平的创新发展做出了自己的贡献。

❶ 元江县因远镇白族根雕艺人李元生的大型根雕作品《国歌》

❷ 元江因远白族的石雕作品

永不消失的记忆

大自然在云南造就了太多的神奇与美丽，它不仅造就了滇东和滇西两大地理单元分界线、对云南地理条件影响最大的一条国际河流——元江（红河），还造就了元江这片神奇美丽的热土地。

元江历史悠久，物产丰富，民族众多，文化灿烂，自古以来就是红河流域的一块宝地。千百年来，原始崖画、青铜器、陶器、蒙氏甘庄城、罗槃国……无论是体现高超艺术的器具，还是充满血与火的拓土与征伐，各民族都在用智慧和汗水在这块热土上錾刻着岁月的痕迹。

如歌元江水，无语自留痕。元江各族先民那种智慧、团结、包容、不屈不挠的民族精神已成为当今元江人的共同信念，并形成了强大的民族凝聚力，焕发出蓬勃生机，推动元江文化犹如元江之水滚滚向前、源源流长……

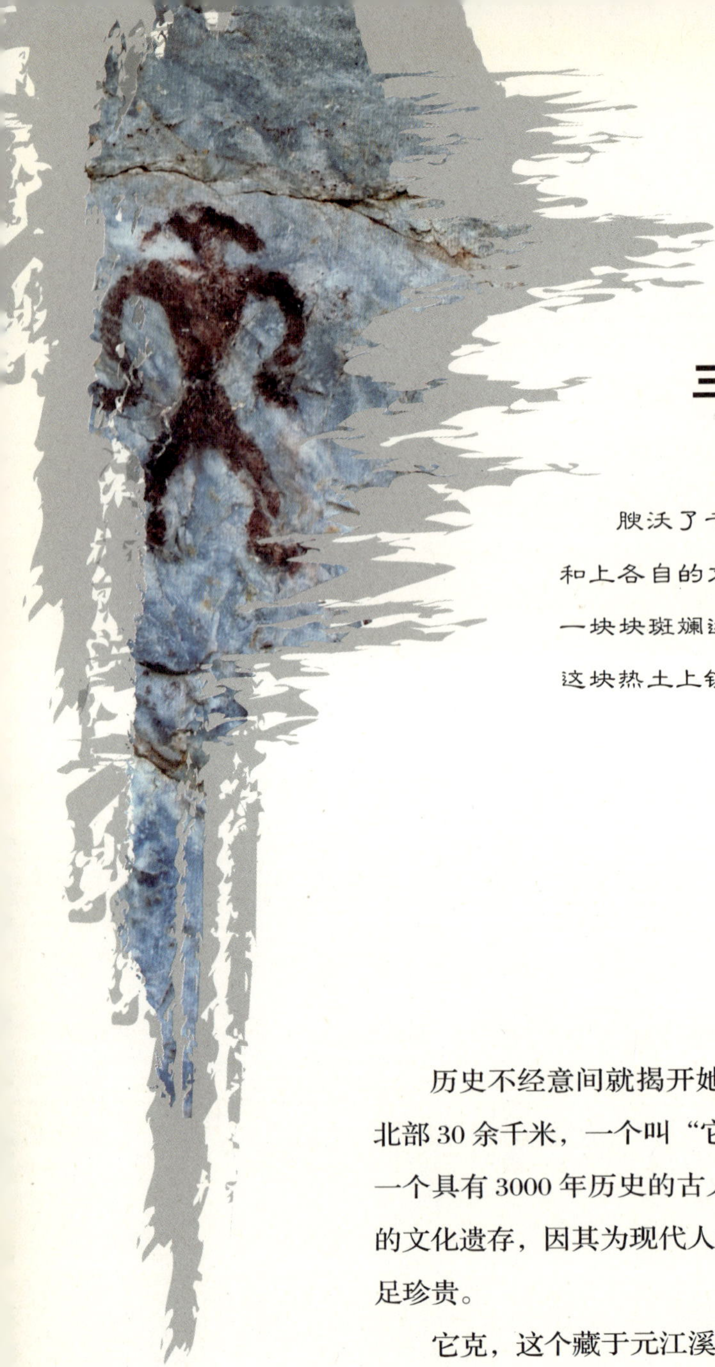

三千年前的文化盛宴

腴沃了千万年的元江两岸，各族人民用时光调和上各自的文化精髓，以“西南荒裔”手法描摹出一块块斑斓迷人的文明色彩，用智慧和汗水在元江这块热土上镌刻着文明记忆的痕迹。

历史不经意间就揭开她那神秘面纱。1985 年，在距元江县城北部 30 余千米，一个叫“它克”的小村子东北 1 千米处的崖壁上，一个具有 3000 年历史的古人类崖画被发现。崖画，作为人类早期的文化遗存，因其为现代人类留存了远古人类的真实生活画卷而弥足珍贵。

它克，这个藏于元江溪流纵横水系上一个四面环山、方圆 3 平方千米的小盆地当中的小村庄，在元江历史上可谓“赫赫有名”。早在 700 年前的元朝大德年间，元江那氏土司在此建立了当时云南三大书院之一的“龙池书院”，便使它克名噪八方。3000 年前那些为生存迁徙往来于云岭大地的古人类，竟也欣然选取了这个极富桃源诗意的静谧处作为记录他们盛大仪典的圣殿！现今，它克已被列入“中国传统村落”名录。

踏着村中残存的青石板巷出村东北 1 千米许，在葱茏盎然的

它克崖画图景

山脚，透过林荫，巨大的面南呈崖厦状石壁赫然眼前。崖壁上，古人所作崖画全长19.5米、高3米，最高处离地面15米。画中有各种可辨认图像109个，大致可分八组，有人物、动物和一些现在很难理解的符号，约有三分之一的图像部分已被岁月剥蚀。图像中人物最多，符号其次，动物最少。人物有女性、男性、蛙人。女性人物多数以母性崇拜物为主体，都用抽象写意手法画成，形象威猛而神秘。男性多数涂成“V”字剪影，四肢动作有许多变化，形体比女性小。其中第六组是一幅狩猎舞蹈图，远古人群似乎在首领的指挥下，为狩猎所获而狂欢。人物绘画简练传神，十分生动。舞蹈和狩猎画面让原始先民的狩猎、娱乐、祭祀和图腾、生殖崇拜跃然于眼前。动物图像有蜥蜴、蛇等爬行动物和哺乳动物。抽象符号有菱形、旋涡、圆圈和太阳图案，这是否就是早期的

❶ 距它克村约1千米的它克崖画远景

❷ 它克崖画图景

文字雏形，还得靠专家去苦心考证。那些大小蛙人身体有二至五条纵纹，神态各异，可能是被崇拜的蛙神。让人困惑的是第一组和第七组的菱形人像与云南抚仙湖水下遗址考古所获石块上的菱形图案竟有几分相似，这相距百余千米时空间的人类遗迹究竟有何渊源，目前不得而知。

我们今天站在崖画前，仿佛可以看到古人类部落合着首领的号令声，踩着有力的步伐呐喊，舞动着四肢而欢呼跳动！全幅崖画均为红褐色，据专家考证崖画不是同一时期作品，而是延续了很多年。作画颜料是用动植物油、血和赤铁矿调和而成，历经数千年依然不失几分艳丽。崖画下有两级比较宽阔的平台，为人工加工，应该是原始人群进行宗教祭礼的场所。

1

2

学者们将它克崖画与沧源崖画（距今约3000年）进行比较后，从它克崖画中没有沧源崖画中的弓箭、牛耕、村寨等图像判断，认为它克崖画更为原始，年代应早于沧源崖画，时代约为旧石器时代晚期至新石器时代，距今三四千年。1987年12月21日，崖画被列为云南省重点文物保护单位，被认为是国内具有较高研究价值的崖画。一些国内外考古专家、艺术家都曾慕名来考察研究过，各自解读着这非凡的远古画卷。

看着石壁上精心描摹的古人类为盛典狂欢的虔诚与张扬，不得不佩服远古人类对生存之美的大器表达。感谢他们智慧地使用了石壁、矿物颜料这些能够千万年留存的最具自然特质的载体，历经几千年后，仍然生动地为我们展示那一场场古人类的文明盛宴。

来到它克游访，虔诚仰视为元江、玉溪乃至为云南历史翻开精彩一页的崖画，禁不住想问，崖画上那些蒙着岁月迷雾的先民们，你们从哪里来，又去了哪里？夕阳余晖下，踏着街巷里与村子有同样年岁的残缺青石板路漫步，不知道谁能察觉到村巷里依然透出千百年斜阳烘焙出的些许温暖。随岁月淹没了的但愿不是崖画的华彩！

比昆明拓东城还年长的城

一千多年前的曾经要塞，与同样生于烽火斯年的昆明拓东城，面对如今两者的繁华与宁静，会生出多少命运造化的感慨？

昆明，得上天恩赐，“天气常如二三月，花枝不断四时春”，成了大中国春天最眷顾的地方。这座大城高山环顾，湖水相依，四季阳光和煦、鲜花浪漫，安逸闲适透出别样淡然的气度，名气之大，古今引人神往。

昆明的营建，得于南诏王阁罗凤的慧眼，阁罗凤命长子凤伽异正式开建城市，命名为拓东城，寓南诏将“开拓东境”之意。这位颇有雄心的南诏王，不仅仅竭力拓东，还刻意南扩，在建拓东城之前，就已在位于元江县城东北十余千米的甘庄盆地筑城驻军，迁来苏、张、周、段等十余姓白族军官领军来这里卫戍守土。

今天，从昆明沿昆曼高速公路南行，穿越甘庄坝子时，你很难想象位于元江东北这样一个不用十分钟就可穿越的小城镇，竟然先筑于昆明拓东城，比拓东城还要老十多岁，并

甘庄旧城址墙体及北大门

曾经担负起南诏开疆拓土这样深厚的历史使命。

南诏王筑甘庄城，是因为甘庄自古就是“扼守元江之险要”，以此为中心，向西可进南诏国腹地，向北可抵拓东城，向东可顺江而下直达安南交趾，向南可挥师中南半岛的骠国，实现他开疆拓土、霸图中国西南的雄心。天宝年间至唐末（750—875 年），经过与唐朝的多次交战，南诏夺得了云贵高原大部，其后又不断征战扩张，曾一度成为中国西南最强大的王朝。

历史在很多时候不是选择沉默就是被喧嚣湮没。出昆曼高速路甘庄服务区、紧靠高速路南侧，就是先于昆明拓东城修筑的甘庄城。现在，这个方圆不足半平方千米的村寨，已经看不到残垣断壁的历史沧桑，也感受不到那种曾扼守一方的威仪。同样生于烽火斯年，拓东城因进一步繁荣而发展成为一座壮丽大城。而眼前这个坐落甘庄平坝中央的小城镇，如果不了解元江地方志，很少有人知晓南诏蒙氏曾在此营建过甘庄城。现在，这个“小城”还有个极有乡村气息的名字——甘庄大寨。据史料记载：甘庄城呈方形，南北长

❶ 甘庄老城所在地大寨村远眺

❷ 甘庄老城石牌坊残柱

120 余米，东西宽 190 余米，墙厚约 5 米，四面设门；城边发脉于平坝东北 10 千米山麓间的河流长年汩汩清洌，其上游河道现已建起水库，依然润泽着甘庄坝。当游人看到眼前这千年来几乎一样玲珑的“城”，没准会对这装扮得如同隐士的曾经要塞，生出些讶异和几声叹息。

曾经的“城”已经归于宁静，四面城门和厚厚高墙，已经化作绿油油的庄稼根下之黑色土地；各种热带、亚热带果树分不清季节地开着花、结着果，把整个“甘庄城”遮个严严实实。整洁纤巧的街巷偶尔跑出几只小狗对着生人吠几声便跑开。村中树荫下，居住在这里的傣族老妇人三五一圈地坐着，用软糯的傣语慢声细语地交谈、闲聊生活中的趣闻，手上飞针走线不停歇地缝制那元江独有的艳丽花腰傣裙。走街过巷，来到略为宽些的“城”中央，那汪因水质甘冽而使“城” 得名“甘庄”的千年龙泉，依然清可鉴人。坐在龙潭边，眼前的闲适情景使人归于淡然，千年前的战火与硝烟早已化作故纸堆里的零星晦涩铅字。如果还想仔细咀嚼思量此城与彼城绝然不同的命运，其中滋味，恐怕费了些时日也难以完全体悟。

威震古滇大地的民族王国

哈尼族是一个起源于藏北高原的游牧民族，在经过了一段十分漫长而艰辛的迁徙历程之后，来到了土地肥沃、水草丰饶、环境优美、物产丰富的元江坝，并在这里定居下来。从此，他们开始从“游耕”转为“定耕”，过起了安定的农耕生活，并随着生产的不断发展和部族力量的日渐强大，最终建立起了一个威震古滇大地的强大部落王国——罗槃国。由于它的强大，就连当时统治中国大西南、曾威名赫赫的大理国段氏，竟然也要仰仗“罗槃国”的支持，才得以起兵剿灭“义宁国”而建立了大理国……这不是神话。

元江，哈尼语称为“拉沙”或“拉沙密嚓”。据史料记载，哈尼族祖先是从遥远的藏北高原逐渐南迁到元江来的。当哈尼族祖先千里迢迢来到“拉沙”(元江)时，看到江河环绕、地势平坦、土地肥沃、雨水充沛、水草丰美的元江坝(哈尼语称为“罗槃甸”)，便一眼就看中了这片美丽富饶的热土，并在这里定居了下来。当时在元江坝的四周有茂密的原始森林，林中有打不完的飞禽走兽和摘不完的各种野菜，元江大河(哈尼语称“拉沙洛么”)中有捞不完的鱼虾，生存条件非常良好。从此，他们开始从“游耕”转为“定耕”，兼营狩猎、渔业，过起了安定的农耕生活。

随着生产的不断发展、物产的日益丰富，哈尼族的部族力量日渐强大起来，最终于10世纪在元江建立起了历时三百多年、辖区广达三万多平方公里的部落民族王国——罗槃国。其辖区包括哀牢山东麓今元江、绿春、红河、元阳、金平等县，西麓今新平、墨江、镇沅、宁洱、思茅、江城、澜沧、景洪、勐海、勐腊、景谷等县（区），以及越南、老挝、泰国、缅甸等国的一部分。

“罗槃国”是一个以“罗槃甸”(元江坝)为政治经济中心的带有部落联盟性质的哈尼族王国，其最高领主称罗槃主，统治着哀牢山广大地区的各部落民族，成为当时滇南地区最为强大的一个因血缘连接起来的部落联盟王国。随着经济社会不断发展，这个部落王国逐渐成为当时六诏山和哀牢山“三十七部蛮”中实力最强的一个部落。据史料记载，宋朝时通海节度使段思平准备会盟当时称雄滇东、滇南各地的“三十七部”民族势力起兵剿灭“义宁国”时，非常看重罗槃国的军事实力，派出得力说客极力争取其支持，不惜承诺事成之后割地分治、重金奖赏的优厚条件，并最终说动罗槃主派出庞大的军队参加会盟，全力支持段思平剿灭“义宁国”，建立了大理国。

罗槃国时期，元江哈尼族已完全进入定耕时代，实现了生产方式、生活方式的大转型，农业经济得到了快速发展，经济结构开始向多元化发展，具备了大规模开发耕地的条件，出现了固定的田地，除了耕种山地外，开始引水开田，种植水稻。在农副业方面，除了狩猎获取野物外，开始大规模饲养家畜、家禽；种植大量的瓜果、蔬菜。据《哈尼族简史》等记载：“南宋时，哀牢山和泥曾道经六诏山贩马及其他土产至广西邕州(今南宁)，又带回中原布帛及其他用品”；“罗槃主及其各部落小领主向元朝所贡金、马、币、帛中，帛也非和泥本土所产，而是向中原贩马时所购回的货物。”说明当时罗槃国与中原的商品贸易很活跃，商品经济比较发达，罗槃国进入了最为辉煌的一个时期。

公元1234年蒙古国消灭了金国之后，为便于南下进攻宋王朝，采取“南北包抄”的策略，决定先征服“西南诸蕃”、

令全世界哈尼人神往的“拉沙密嚓”（元江坝）

从西南各民族中汲取人力物力之后，与自北方南向的蒙古兵两面夹攻南宋。于是，蒙古兵于1253年征服了大理国。征服大理国之后，蒙古兵便开始征服大理国周边的各诸侯王国（各民族割据势力）。至1255年，以白族和彝族为主的云南靠内地区都已被蒙古兵所占领。但罗槃国等靠外的一些部落王国仍然没有被征服。

1258年，蒙古兵经车里（今西双版纳）远征交趾（今越南），当时居住在西双版纳的哈尼族（倭尼）和傣族（白夷）都被征服。而此时在云南元江独居一隅的哈尼部族王国——罗槃国仍然未被征服而独立存在。这说明当时罗槃国的实力不一般，连蒙古兵都不敢轻易进攻它。一直到相隔17年后的1275年，元兵才渡过礼社江（元江）进军罗槃国，并以强大的军队进攻罗槃国的政治中心罗槃城。面对比自己强大数十倍、装备有先进武器的强敌，当时的罗槃主阿禾必没有被吓倒，而是率领罗槃国子民进行了勇敢、顽强的奋力抵抗，元兵久攻不下。元朝云南行省平章政事赛典赤统率元兵亲临罗槃城下指挥攻城，并采取“攻心为上，攻城为下”的战术，围而不攻，进行政治招降，但“罗槃国”军民坚守城垣，坚决不投

降。最后，由于罗槃城中食物紧缺、军民困乏，为拯救全城军民的性命，存续哈尼民族的命脉，“罗槃国”国主阿禾必被迫无奈，暂时放弃抵抗，撤出罗槃城，带着剩下的“罗槃国”军民进入深山密林中继续开展游击战。自此，曾经威震滇南、强盛一时的哈尼族王国开始进入逐渐衰落时期。

哈尼族被迫离开自己千辛万苦开拓出来的美丽家园“罗槃城”之后，由于不甘忍受元王朝的民族压迫，又于1280年、1284年、1288年进行了几次反抗斗争。但在元军重兵围困和强大攻势下，罗槃国哈尼族的反抗斗争一次次被镇压下去。

由于元朝统一中国后，“天下大统一”的局势已成定局，因此，罗槃国人民虽经过几十年不屈的抗争，但终究未能光复罗槃国，而且每一次抗争，都给哈尼人带来较大的损失。为此，罗槃国主阿禾必及其继承者必思等哈尼族首领，为了整个哈尼部族的生存，不得不与元朝主将赛典赤达成协约：哈尼人彻底放弃罗槃城等平坝地区，居于深山密林地带，今后永不再举兵反元；元朝不再追剿罗槃国军民，并将罗槃国民众视为元王朝之子民，与境内其他民族尽享同等待遇。至此，哈尼族被迫离开苦心经营了几百年的罗槃城，迁徙到罗槃城周围的山林中，变成了山地民族。

哈尼族从进入元江流域到建立罗槃国，经历了漫长的发展历程，在当时部族纷争激烈、生存危机重重的滇南大地上能够建立这样一个民族王国，充分说明了当时的哈尼族已经是一个具有相当实力的强大民族，能够抵御其他部族的干扰而站住脚跟、守住地盘。哈尼族先民从 10 世纪开始定居罗槃甸、开发元江坝，到 1288 年元兵最后一次大屠罗槃城、罗槃国泯灭，历经 300 余年，在哈尼族漫长的发展历史中，像罗槃国这样辖地 3 万平方千米、历经几百年的政权组织，实属罕见。

占领了“罗槃国”之后，元朝先后在元江设置了元江军民府、元江路等行政机构，把原“罗槃国”所辖区域及以外的哈尼族聚居区都划归其统管，“罗槃国”最终退出了历史舞台。

在“罗槃国”的兴衰史上，“罗槃国”国主阿禾必及其亲信部族，在元兵的残酷摧残形势下被迫撤离罗槃城后，一直下落不明。他们究竟去往何方，一直是一个悬而未解的历史哑谜。有学者认为阿禾必及其亲信逃离罗槃城后，为躲避敌人追击，分几路向不同的方向迁徙，有的沿元江（河）向东南方向迁徙，隐居在红河、绿春、元阳一带；有的向西南方向迁徙，隐居在墨江、普洱、江城一带；有的向西北方向迁徙，隐居在新平、镇沅、景谷一带；有的就近撤离到罗槃城附近的大森林中，隐居生活……也有学者认为阿禾必及其亲信逃离罗槃城后一直向南迁徙，最后到与滇南、滇西南直接接壤的越南、老挝、缅甸和毗邻的泰国北部山区，现散居于缅甸、泰国北部山区丛林中的阿卡人，就是当年潜逃出境的罗槃主阿禾必及其亲信部族繁衍的后裔……

如今，分布在我国红河上游元江以南、李仙江流域和澜沧江流域的哈尼族及东南亚四国（越南、老挝、缅甸、泰国）的哈尼（阿卡）人，其民间口传文化中常提到的古地名“拉沙”和“拉沙密嚓”，就是今元江，他们都不争地认定“拉沙”（元江）是他们的发源地，他们的祖先是从“拉沙”（元江）历尽千辛万苦迁徙而来的。据说，在这些地方的哈尼族葬礼中，“摩批”都

要把死者的灵魂按宗族的迁徙路线和地名顺序从死者现在的居住地送回古代祖先的居住地“拉沙”（元江），把死者的亡灵交给最古老的祖先，让亡灵认祖归宗。

2012 年 11 月，第七届国际哈尼 / 阿卡文化学术讨论会在元江召开，来自中国、美国、俄罗斯、日本、荷兰、韩国、泰国、缅甸、老挝 9 个国家的 185 名专家学者出席了会议。会上，与会专家学者一致认为元江是古代民族南迁后形成哈尼族的初始地，也是国际哈尼 / 阿卡先民的集散地，更是哈尼人曾经创造辉煌的圣地；是哈尼人开拓了人迹罕至的元江坝，是哈尼人从元江坝开始把人烟和耕地不断地向南延伸。为此，有的学者还建议：重建“罗槃王宫”，充分展示灿烂辉煌的哈尼文化，让全世界的哈尼人永远记住自己祖先曾生活过、奋斗过的“神圣故里”。

“元江哈尼罗槃王宫”恢复重建项目规划图

元江，是哈尼民族的圣地，是全世界哈尼族永远向往的地方。

丛桂山庄飘诗韵

被人们推崇为清初翰墨界“滇中四杰之目”、誉为“开元文之先声”的文化名人马汝为，才高学博，不仅是清史典籍中一位有名的书法家，而且还是一位拥有300首诗作的多产诗人，是清代著名诗人、书法家。读马汝为的诗，不仅可以从中领悟到一些创作律诗的方法和技巧，还可以体会到如何做一个贴近时代、贴近社会、贴近生活、贴近百姓的诗人。

据史料记载，马汝为是清代元江人，字宣臣，号悔斋，出身于书香世家，康熙四十一年（1702年）进士，留翰林院检讨，掌修国史，先后任三朝国史、方舆、路程三馆的纂修。马汝为的才华，深得朝廷赏识，康熙五十三年（1714年），由国子监博士迁任大理寺右寺副，后又任贵州同仁知府。康熙五十九年（1720年）辞官回家，在离元江城东20千米的四角田筑丛桂山庄居住，以读经著书、吟诗作赋、挥毫泼墨、教化乡俗、教育子侄为乐，元江人尊称其为马翰林。

说起马汝为的故事来，元江人都略知一二。每当谈起元江的历史文化，都少不了对马汝为诗词、书法的探索和鉴赏话题，有的老学者每每讲起马汝为的故事来，总是滔滔不绝。遗憾的是，马汝为的大部分诗、书作品已毁于兵燹，留传至今的已很不多。

马汝为不仅诗写得好，字也写得十分漂亮，他那飘逸而灵秀

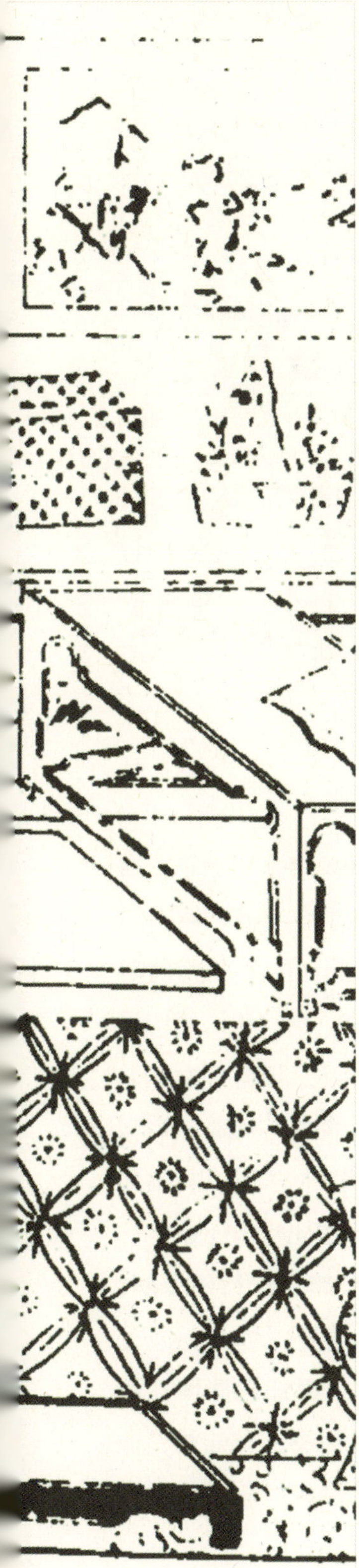

的字体让人久看不厌，他的诗词有的景色如画，有的刚正不阿，有的意蕴如莲，读他的作品、欣赏他的书法，心情非常愉悦。当你细心品读他的诗词时，会让我们穿越300多年前的时空去陪伴他漫游元江的山山水水、品味300多年前的美丽元江。

马汝为在丛桂山庄时常自吟自乐，恬静自然，悠然得趣。300多年前，在朝廷做过官，回乡之后不张扬，淡泊名利，以山水为伴，隐居于山野之间，远离世俗风尘，这是一般人难以做到的。所谓“诗如其人，书如其品”，他所写的《移居》一诗很值得我们去品味和学习，品读此诗，可窥见他高尚的品质：“一枝何事慕高轩，地远尘寰绝市喧。十载服官居北地，几番仆宅近南村。探囊种竹筠初绿，筑砌栽兰叶渐繁。瀹茗焚香消永日，清幽直似在家园。剥啄无人昼掩扉，一编时下董生帏。贪眠任笑边韶懒，索米谁怜曼倩饥。榻近绮窗忘夏暑，客来绿酒典春衣。一官久费天家禄，只合空山饱蕨薇。”品读此诗，作为在朝廷任过职，又在贵州做过知府的他，是那么的清贫。古人说“三年清知府，十万雪花银”。由此可见当时的地方官员剥削劳苦大众的严重程度，而马汝为和当时的“官风”格格不入，他是我们当代人的一面镜子，他清正廉洁的人品多么的难能可贵，是值得我们永远学习的楷模。

马汝为的有些诗意画面也很精美，他的《菜花楼》一诗，画面十分精致，令人感叹。从诗中看到的风景是“凭栏镇日此淹留，卓午清阴槛外浮。小蝶一双黄似茧，随风飞上菜花楼。”诗词画面让人身临其境，是多么美妙的描述。又如《和抚军甘立轩先生留芳园杂兴十首》第二首的画面：“高斋无俗客，三径野风清。瑶草堪眠鹿，垂柳听啭莺。黄扉资作揖，纶阁待和羹。诏起忠员裔，旌麾向北行。”画面中有人、有鹿、有鸟、有生活，整个画面动感十足，让人身临其境。

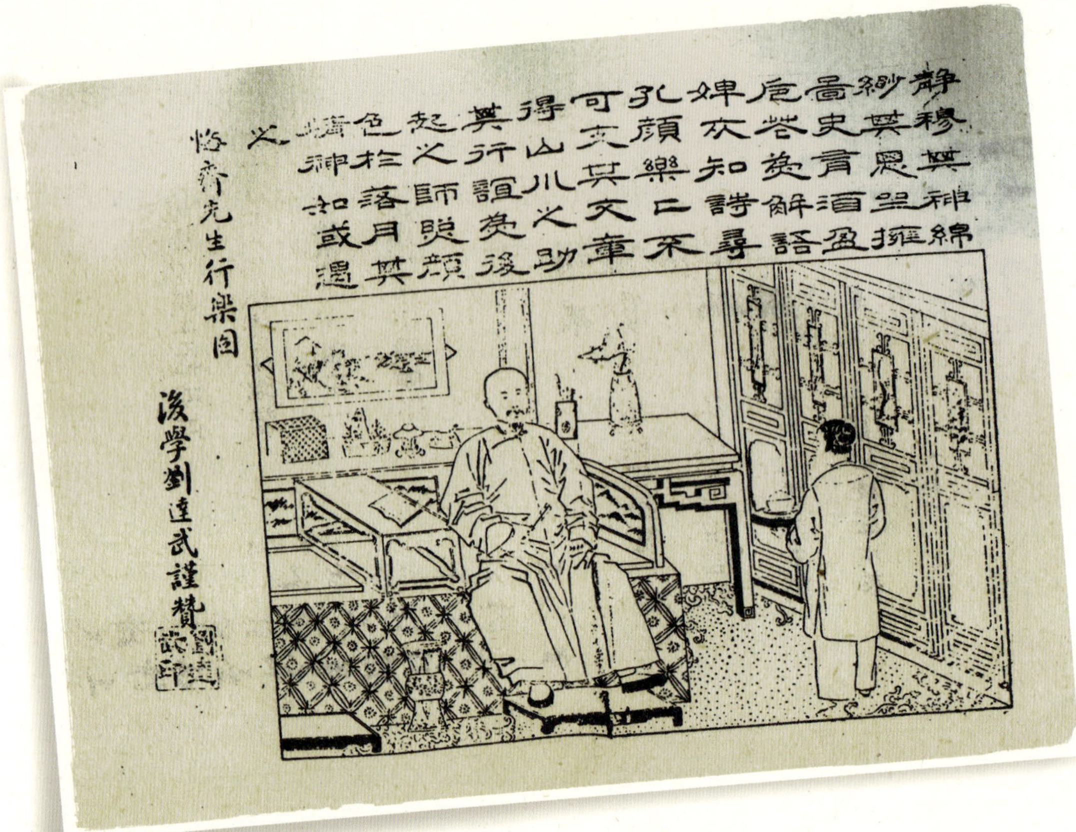

民国初年元江知县刘达武描绘的马汝为画像及其赞美诗

马汝为在做官的时候就有这样的心境，有这种恬淡的生活追求，自然随趣，追求自然和谐的生活情趣使他在人生追求中清廉雅趣。

马汝为更是个热爱家乡的人，他的诗在写元江的景和物的时候，都是将饱满的热情和对家乡的热爱倾注其中。我们从他的诗词中可以看到，元江的变化常常引起他的诗兴，如《三板桥早发》一诗：“万里游京国，征人恨寂寥。山高行已倦，金尽路仍遥。夜雪堆茅屋，炊烟压板桥。天空频贯酒，顿觉客添烧。”从中可看出他迷恋家乡的心情是多么的迫切。这种迫切心情，在他的《还家》一诗中表现得更是充分：“飞鸟恋旧巢，征驹急归路。行行望乡间，未至心已赴……”如此迫切心情，任何怀乡之人皆不过如此。

马汝为天资英迈，积学功深，不仅在诗韵方面知识渊博，在书法方面也有相当高的造诣。当年，康熙皇帝曾以书法试翰林，他的满文、汉文书法都获得第一名，深得康熙皇帝赏识，一时名动京朝，被馆阁所推重。其书法不仅名震京城，也为世人所仰慕，被赞誉为“李因培才高天下，马汝为字压两江”。他与昆明虞山、赵鼎望和河阳（今澄江）赵玉峰被称为“滇中四杰”。马汝为的书法，用笔迅牵疾掣，提按分明，笔画灵动飘逸，沉稳凝练，风格妩媚多姿，雄秀天然，被文人墨客称誉为“有王羲之之笔锋”。

有关马汝为的传奇故事较多，其中有几件特别精彩、有趣。例如马汝为获得“书法右军”的雅号，就有这么一个传奇故事：有一次，康熙皇帝为了考验朝廷众官员的应变能力，出了一道题目：“今有长一丈、宽两尺的白布一条，令各大臣在上面只竖写一字，此字的长宽比例还需得当。”题目出来后，众大臣面面相觑，握笔思考，无从下笔。而马汝为略加思考后，大笔一挥，在白布条上书写了一个“卜”字，一竖一点，不仅长宽协调、比例得当，而且墨色圆润饱满，笔法苍劲浑厚，沉着痛快，引得满殿喝彩。于是，他就获得了“书法右军”的雅号。从此，马汝为成为清康熙年间最有影响力的大书法家、诗人之一。

“李因培才高天下，马汝为字压两江”的来历也有一个传奇故事：有一年，马汝为与当时文采名震乡里的云南文化名人张汉（张月槎）一起进京应试，当他们到达朝廷的时候，只见当时的“两江”才子们题写的对联书法作品挂满朝廷，但他们两人觉得这些作品都很平常，没一副好的作品，于是就将其中的几副作品顺手扯下后踩在脚下。那时候，“两江”（指当时的江南省和江西省，即现在的江苏、安徽、江西一带）地方都是人杰地灵、名人辈出的文化名邦，书法大家比比皆是，像云南这样偏僻落后的地方去的文化人都会遭到那里文化人的鄙视。而马汝为他们竟敢将其书法作品踩在脚下，那还不得罪“两江”才子？“两江”才子得知他们的作品被别人扯下踩踏后，就一起拥来质问马汝为他们。看到

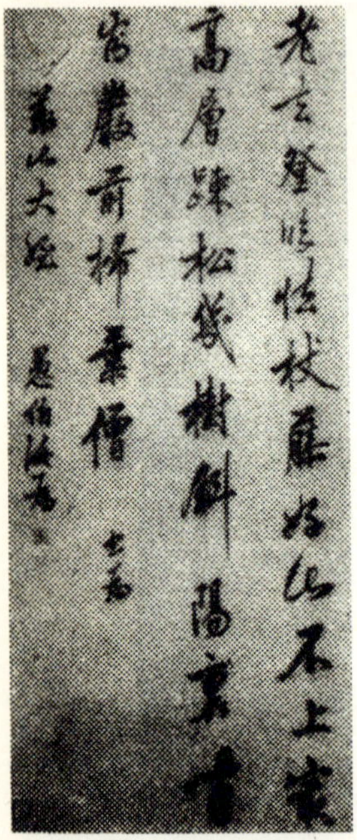

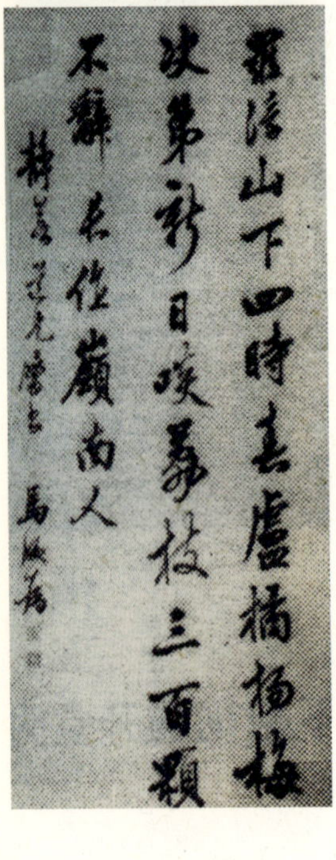

这些才子兴师问罪的阵势，马汝为并不惧怕，他不慌不忙地回答他们说：“我们踩坏了你们的对联，我们给你们补写就是了。”那些才子就以嘲讽的口气说：“你们这些南蛮之地来的山野村夫也会写字？”马汝为不屑与他们辩论，从容不迫地挥笔写了几副对联挂起来。“两江”的才子们一看马汝为写的对联，都惊呆了，他们觉得马汝为的字写得确实很漂亮，于是，就纷纷评论、赞扬起马汝为的书法来。康熙皇帝听说后也闻讯亲临现场观赏马汝为的对联，并赞不绝口，称赞马汝为的对联书法比“两江”才子写得好。于是就有了“李因培才高天下，马汝为字压两江”之说。李因培也是当时云南的名人，清朝乾隆年间进士，博学多才，尤精文史，曾历任礼部侍郎、湖南巡抚、福建巡抚等职，为官清廉，颇得民心。当时，云南还有几位与马汝为齐名的文化人，如：石屏才子陈沆以能文著称、张汉以博古知名。而马汝为以书法出名，所以当时文化界就有了“陈作马写张古董”之说。

马汝为写的书法字在当时是相当有名气的，元江人甚至云南人都很崇拜他的字，将其奉为神物，谁若得到一幅马汝为的字，便会挂在堂中，认为这样可以避邪。更为传神的是，说他的书法能避水火，并且还有这样的传说故事：清朝时候的某年，元江河水泛滥，东面城墙被冲倒，洪水冲入城中，城中无数民房被淹，可大水涨至马家大门口时，因其门头有马汝为写的“浑金璞玉”匾额，洪水遂退去。另一传说：民国初年，马家巷一民宅失火，连烧数户，无法扑灭，眼看火势越烧越烈，即将烧至马宅大门口，奇怪的是，当火烧到马家门口时，突然间狂风骤起，天上下起了大暴雨，扑灭了大火。于是，马汝为书法能避水火的传说就在元江乃至全云南广为流传，后人若得其遗墨就将它当作珍宝收藏。

马汝为不仅在书法、诗文上见奇，更值得学习和称赞的是他为官清廉、鄙夷权贵、憎恨腐败。他“轻权贵，近平民”的朴素人品风格在其诗文里得到充分展示。他在其长诗《偕同人游清凉山放歌》中写道：“华严楼阁饰金碧，雕凿万佛炊人工。我闻佛慈重施济，火宅曾种青芙蓉。割肉饲鹰佛不惜，忍见四野多哀鸿。”诗人寓意于佛，借庙佛讥讽官府，反映民众心声。他的《食蟹》一诗把豪门中的高消费“蟹宴”生动地说成“豪家一夕宴，贫氓终岁资”。而他的《杂诗》一首更是直截了当地批评贪官：“车中余粱肉，战士或苦饥。阃外有疲卒，蹋鞠方儿嬉。寄言贪婪者，货集身亦危。凄凉籍没后，甲第知属谁。”

雍正十年（1732 年），马汝为卒于丛桂山庄，享年 69 岁，葬于元江左岸的金鳌山顶。

元江悠久而灿烂的文化内涵和马汝为书香世家的家庭背景孕育了他深厚的文化底蕴。马汝为是元江“成大器”者，元江的山灵水秀养育了他，古老的历史文化和文明积淀，造就了马汝为这样的文化精英，他是 300 余年来元江最具有历史影响力的文化名人，每当后世学者读其诗词作品的时候，总是感到很惬意，那是一种非常特别的精神享受。

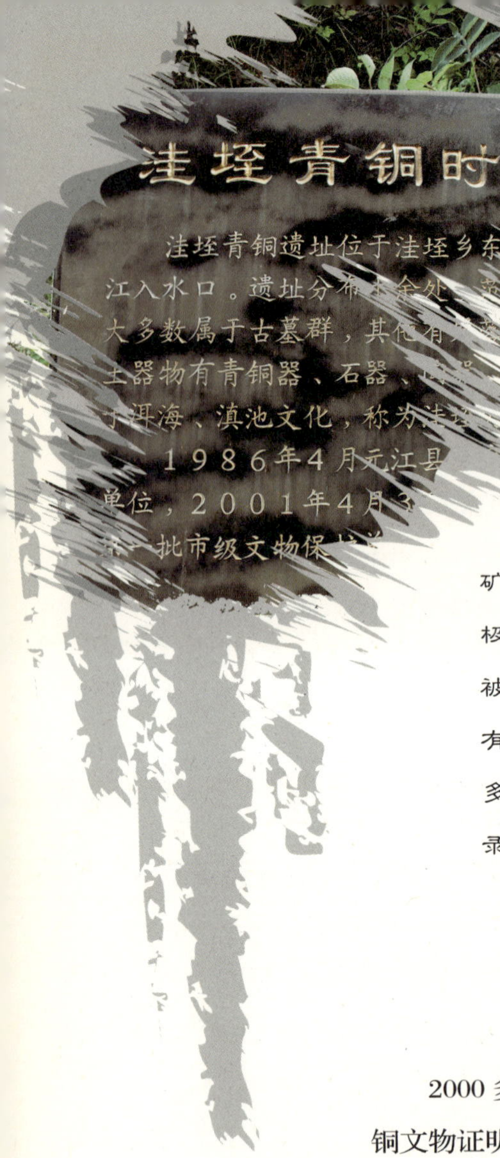

青铜器上的多彩文化

特殊的地理环境和奇特的气候条件造就了元江丰富的矿产资源。历史上，以采金、炼铜为主的元江矿产业曾盛极一时，元江流域盛产的金、银、铜、铁、锡等矿产品曾被运往中原铸造钱币及各种铜、铁器物，出土于元江的富有南方特色的战国时期铜鼓和羊角编钟真实地记录了 2000 多年前中原文化与古滇文化在这里交融发展的历史，也记录了古老而多彩的元江青铜文化发展实况。

2000 多年前的元江青铜文化，璀璨夺目，发掘出土的大量青铜文物证明了这一点。

20 世纪 50~80 年代，元江洼垤乡的它当莫、邑都买、木希格、阿邑都、龙树田等地处元江中游两岸的坡台地，因山洪暴涨冲刷或在开地改田、修筑坝塘等过程中，发现十几处以铜矛、铜斧、钺、扁圆銎宽体式刃、陶器、石器、 石斧、砺石等以青铜器和石器为代表的大量地下文化遗存。在此之前，查阅元江史料，看到“唐以前为西南极边”“西南夷地”“荒服”“蛮烟之地”之类的表示元江文化落后的记载。但这些文物的出土，雄辩地证明了元江青铜文化并不落后。大量的出土器物表明，所谓“荒服”之地竟然与中原同一时期跨入了青铜时代，而且历经夏、商、周各时期在与邻近南北文化相互交往的过程中，元江青铜铸造技术得到不断提高，到战国中晚期已发展到相当高的水平，有些青铜器的冶铸技术可与当时的滇青铜文化相媲美，并具有自己的独特制作风格，在当时的青铜文化中独树一帜，在考古学上被称为元江中游青铜文化类型。特别值得一提的是 1989 年，在元江县城东北断流干坝河畔，马母格勒里山北麓，因耕作发现了形制与石寨山、李家山型相似而纹饰则不尽相同的完整大型铜鼓一面，属国家一级文物，纹饰清晰，铸工精湛，通高 35.7 厘米，面径 47.7 厘米，足胫 57.5 厘米，胴最大围 170.2 厘米，腰内径 41.0 厘米，足高 6.0 厘米，净重 17.5 千克，鼓面饰“六飞鸟印日”，胴部刻 4 船竞渡图，腰部有临立公母次瘤牛各 4 个，主次晕、直格纹，以复弦隔边，内为同心圆，圆点锯齿，垂格加蕉叶纹。同年，在县城南 35 千米的牛街村西面坡猜朴地发现国家一级文物羊角钮编钟一组（4 只）。1989 年 9 月，在县城南 35 千米的牛街村江西坡差玛郎其（山冲）发现铜案 1 件，盘面椭圆形，大平底，盘壁微侈，两端有直耳，其上铸对称跪拜式人，牲（牛犊）雕，外壁下系对称小铜铃 4 个（今存 1），案底伸出管状 4 足，案面中心区饰微突 14 芒光，

元江出土的西汉时期铜鼓

元江出土的西汉时期铜案

外围以菱形图案环绕光体，往外以复形谷穗图案饰边，内壁刻阴阳卷云纹各半。显然是一幅表现禾苗成长要靠阳光雨露滋润的主题，是典型山地稻作民族的象征徽记。器物因长期使用，盘底有经修补的痕迹，4 足精粗、大小有别，焊接于案底部。

元江地区秦、汉时期古人留下的以青铜器、土坑墓为代表的文化遗存告诉世人，这一地区从新石器时代到青铜时代的过渡，不是由外面大规模地输入产生变革，而是在土生土长的原始文化的基础上，经过漫长的、反复的实践认识逐步发展起来的。上述风格的铜器和陶器在云南滇池、洱海、怒江、澜沧江、金沙江上游和澜沧江中上游青铜文化类型中均未发现，所以，学术界认为是一种新的文化类型，称为元江中游青铜文化类型（以洼垤、罗垤为代表）。

青铜器是元江历史文物中最重要的组成部分，出土最早的是战国时期，不仅数量较多，而且有丰富多彩的内容、突出的民族风格和鲜明的地方特点，也反映出了元江与中原文化的密切联系，给这块古时称之为“地属边陲，蛮夷杂处，土猶世守，风气未开，政治不备，不入版图”的元江蒙上了神秘的面纱，既印证了历史文献的记载，也弥补了元江县历史记载的空白。随着青铜文化的高度发

元江出土的战国时期羊角钮编钟

展，元江的青铜冶炼技术也达到了相当高的水平。所以，自古以来元江青龙厂一带的铜矿冶炼、铸造业一直都十分发达，这与元江青铜文化繁荣发展有很大的关系。元江所产青铜曾一度畅销于省内外。《元江志稿》记载：元江铜文化的发端由来已久，明清时代则进入了“产铜甚旺、年上缴铜产及其赋税特高的鼎盛时期”。现今青龙厂后山一带的窟窿群以及勐仰坝“大明槽”铜矿就是铜矿开采历史的见证。据说，竖立在昆明金殿的“日月七星金旗”乃是元江府（官）制作赠送给吴三桂的大礼，是不是送给吴三桂的礼物无法考证，但“元江府制作”是事实，因为旗墩上至今还留有“元江府制造金旗”等字样。这个“日月七星金旗”是用黄铜浇铸而成的，说明当时元江的铸造技术达到了非常高超的程度，否则，很难完成如此高要求的铸造工程。

面对历经 340 余年而完好无损的元江铜文化遗产“日月七星金旗”和元江众多的出土青铜文物，令人发古幽思，感慨万千。作为后世今人，我们没有任何理由不让这多姿多彩的元江民族文化发扬光大，使其源远流长、惠及子孙。

南岗塔影

在元江县城南部11千米的土岗东隅，有一座高高耸立的白塔，犹如一位傲然屹立的白须老人，遥望着元江县城，向我们讲述着元江这片热土上所发生的历史故事……古往今来，历代元江人总是对白塔倾泻情感、寄存心愿，它陪伴着一代又一代元江人，一步一步地将美丽的元江建设成幸福、安康、和谐的美好家园。

历史上，元江的文物胜迹还是比较多的，独具特色的建筑也不少。但随着时光的流逝，这些古建筑越来越少了，有许多曾令文人墨客惊讶称奇的珍贵建筑现在已不多见。白塔是元江县境内少有的至今保存完好的一个古建筑。白塔又叫“那塔”，位于城南11千米的一个土岗上，岗下是水流湍急的元江（红河）出水口。一眼看去，白塔高耸入云，挺拔屹立，古朴壮观。

元江白塔，当地大多数人都不叫白塔而称“文笔塔”或“那塔”。古籍中又有“铁柱”之称，《元江州志》载：“白塔……巍然屹立，似笔插天。因（元江）城形如江水口直出，故建此塔，名曰铁柱孪孤舟，一以培南火星，使文笔堵巨流之义也。”民间则称为“那塔”，即“那氏之塔”的意思。据说白塔为明代元江世袭土知府那氏所建，该山是那氏坟山，故称“那塔”，山也因此得名“那塘（塔）山”。

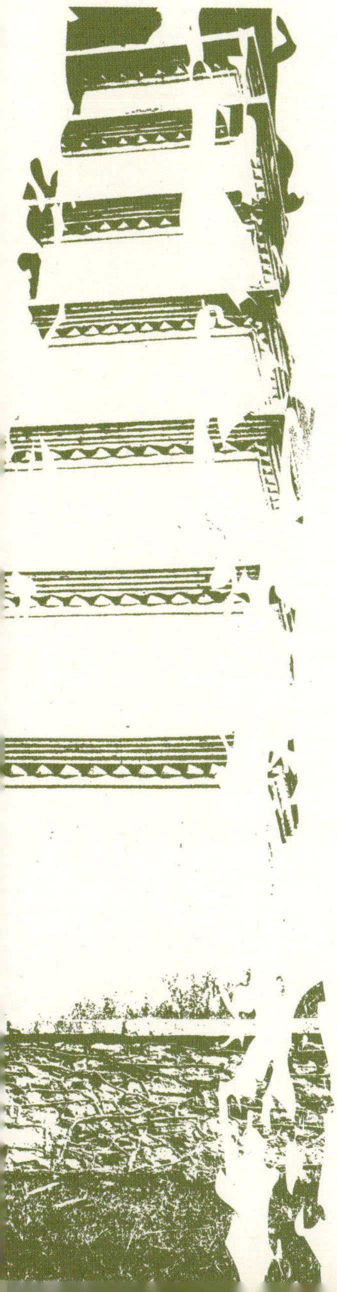

白塔建筑为砖石结构，多层、实心、密檐、四方形、仿楼阁式塔。塔基无座，仅有边阔 5 米的低矮基台，塔身分 7 级，通高 19.10 米（新修塔刹不在内），第一层高 2.92 米，逐层递减至第七层仅高 1.0 米。塔身底面边长 3.26 米，至最高层仅 2.19 米，塔檐高 0.8~0.9 米；第二层为棱角牙子，以上用单砖叠涩筑成短檐，檐上部复砖一层。第一层和第八层使用厚砖，塔身自第二层起，每一层的四面中间筑一道高 60 厘米、宽 40 厘米、深 24 厘米的“佛龛”，塔顶装饰为葫芦状，与西双版纳、泰国等地的佛塔建筑风格相近，塔身外表敷以白灰，故称“白塔”。白塔的建筑年代，据《元江州志》记载，始建于清康熙年间。另一民间传说，白塔建于明代永乐年间，原为 13 级，塔顶有金属塔刹，因被雷击塔顶坍塌，清初改建为 7 级。白塔因为年久失修，破损较为严重，塔身开裂，砖石剥落。1986 年，元江县人民政府拨出专款进行维修，对塔身、塔基采取了加固措施，修葺一新，并公布为县级重点文物保护单位，成为元江县境内保存较为完整的古建筑之一。

相传，古代元江县城又叫罗槃城，罗槃城北面有水流湍急的南溪河、东面有涨落无序的澧社江（即元江）、南面有激流滚滚的清水河。罗槃城就像一艘停靠在河边的大船，如果要保证元江坝子城池安危，就必须在澧社江出水口（今施垤冲下面）的西面山岗上修建一座佛塔，用佛塔镇住澧社江两面的山体，避免江东、江西两面的山体崩塌。如果不这样，当两面的山体崩塌时，土石就会堵塞澧社江出水道，元江坝子就会成为一片汪洋大海，危害百姓。于是，就在县城南部的山岗上修建了这个白塔。关于白塔的修建，还有另外一个民间传说：元江世袭土知府那氏因应风水之说，在建罗槃城的同时，按照风水先生的要求，在民间选来一双童男童女作为镇山之物，男童称为镇东将军，女童称为镇西将军。建塔时，工匠们先挖好一个很深的塔基，塔基里面犹如宏伟的殿堂，殿堂内砌有汉白玉大石条、石桌、石凳、石床。里面有许多贡品及水果，供这两个童男童女享用。后来，这双童男童女变成了一对勤劳的蜜蜂飞出了塔底，在红河两岸彩花酿蜜，过上了自由自在的生活。

白塔，因传说而精彩；元江，因历史而厚重。历代的元江人用自己的愿望和想象来丰富塔的内容，对塔倾泻情感、寄存心愿，塔是横亘在元江人心中生生不息的一片精神沃土。尽管传说不足为据，但它从一个侧面使我们明白了元江先祖们为了过上幸福美满的生活而营造白塔的美好心愿。我们这些后世今人的心灵被塔的精神滋养、被塔文化耕耘，从而获得祖先力量的扶助，也为后代子孙储蓄了一份精神养分。

走近白塔，生思古幽情，清咸丰年间元江直隶州知州李令仪和学正史尚德所描写的情景即刻浮现在脑海里："文笔一柱面城来，铁锁孤舟匹练开。自是江南名胜地，江风江雨不曾催。""砥柱涛头一线来，仰观突兀出尘埃。何时不见风云态，江上文峰耸玉台。"岁月流转，人文变迁，白塔依然在讲述历史的沧桑。

白塔，象征着古代元江的文明，也从一个方面展示了古代元江人的聪明才智。

千百年风雨，要用沧桑来诠释。然而，沧桑却难以撑起那千百年的岁月雕饰。一年又一年，白塔在风雨里屹立在元江城南岗上，它看世间人情冷暖，闻瀚海潮涨潮落，观朝夕日月交替，睹天地风云变换。它见证了多少兴衰荣辱，它是否也把这个尘世看淡，不理会俗世的悲欢，在风雨里傲然独立，经受着风雨的洗礼？

奔腾不息的元江水，流逝多少风雨沧桑。袅袅的故园情，传说着多少人间冷暖。漫长的历史，改变总在发生，多少年过去了，古塔默默伫立着，它依旧耀眼壮观，犹如一位阅尽人间秋色的老人。其实，白塔本身就是一部元江千百年的通史，一首文人咏叹的诗词，一座亘古不变的历史丰碑。

悠悠岁月，百年沧桑的历史翻开了新的一页，如今的白塔，虽已不再带有浓烈的宗教色彩，但它记载的历史，却让一代又一代人陶醉其中并受启迪。它有些沧桑，有些憔悴，使人走近顿生肃穆之感，心中不由自主升起一种厚重感。七级凌霄见证了历史的变迁，它倒下过，又再次站起来。透过记忆的石斑，它顽强地挺立，仿若一位慈祥的老者，静静地伴着元江百姓一代又一代，纵览着元江发展与变迁的鸿篇巨制。

园中妙寺

在位于元江县城西南40千米的因远太平山南麓，有一座元江县很有名的古寺——妙莲寺。那掩映在绿树丛中的寺院，在夕阳照射下，犹如一幅飘在浮云上面的剪影，显得十分沉寂肃穆。参观这古老的寺庙，看到的不仅仅是巧夺天工的建筑艺术，而是它所包含的丰富历史文化和民族文化。

在元江县西南有一个气候宜人、美丽富饶的小坝子——因远坝，这里山川毓秀、人杰地灵，是元江白族繁衍生息的地方。历经1000多年历史长河的洗礼冲刷，元江白族积淀了勤耕苦读、质朴宁静、开放包容、多姿多彩的文化特质，留下了不少文化遗存，文笔塔、系马桩、庙宇、宗祠、古柏、石雕、书法、匾额等诸多文物见证了因远白族对其传统民族文化的传承和发扬。

元江因远白族的庙堂文化设施分布达102处之多，其中最早的庙堂文化为宋代兴建的南岳庙和元代兴建的妙莲寺、兴化寺，最多的庙堂文化设施为白族本主庙及其各大姓氏宗祠。然而，由于自然的侵蚀及人为的破坏，优秀的白族文化遗产大多已是残垣断壁或荡然无存。千百年来，元江境内无数的寺院古刹毁于战火、人祸、灾害，而因远妙莲寺能够如此完整地保存下来，实在是一个文化奇迹！

因远妙莲寺大殿又称大佛殿，位于元江县西南部、距县城40千米的因远村太平山南麓，坐北面南。现存的妙莲寺大佛殿，位于因远镇中心小学校园内，依山面水，掩映在苍翠的绿树丛中，在青山翠柏的衬托下，格外显得雄伟壮观，古朴静雅。

大殿建在妙莲寺2米高的第三台基上，基高1.82米，面阔11.9米，进深11.65米，通高10米，单檐，柱子排列整齐，主柱粗大，抬梁式屋架，斗拱精壮坚实着力，庑殿屋顶屋面呈八余脊，山花向内收进，用方砖垒砌，花脊鸱兽宝顶，整体布局为正方形，台梁式屋架。柱网排列规整，四檐下斗拱攒通、飞檐串角，左、右、后三面平板枋以下用土基砌墙围护，正面明间开格扇门六抹，侧间槽板夹格子方窗各一，地面铺以方砖。梁柱属穿斗结构，柱体粗大圆体，柱脚粗，柱头略细，侧间柱脚外蹬，稳定性极好，斗拱硕大，较完整地保留了元代建筑的基本特点。明间为六扇五抹雕花格子门，刻工别具特色，侧间为方形窗，格子门窗点缀雕刻山水人物，精细美观、朴实大方。

大殿建筑选材精良，用料浑厚粗实，寺庙主体承重木结构皆用斗拱，巧妙衔接和精确的榫卯、楔子技术，不用一钉而将建筑物的各个构件牢固地结合在一起，承托起整个殿堂屋顶的重量，显示出白族先民精湛、高超的建筑工艺水平。妙莲寺大殿是元江县现存的大结构古建筑中保存较完好的一个古建筑。殿内原供奉的贴金释迦牟尼坐于莲台讲经的塑像，以及文殊、普贤、观音、地藏等佛门菩萨的数尊塑像，造型优美，比例匀称，形象生动。左右有楹对："九品莲台狮吼象鸣登法座，三尊金相龙吟虎啸出天台"；"飞不到半点尘埃，信是极乐世界"；"能除却诸般邪恶，真入上乘菩萨"。楹联书法神采飘逸，各具情态。殿内原有明宣德年间铸造的一座高约2米（大口）、直径宽约1.5米、重达吨余的大铜钟，以

妙莲寺大佛殿正门

及合抱不交的大鼓，天子出巡的乘舆、仪式（木质仿制品），明代当地白族省亲《感应诗》及碑记、题记、经帙等共百余件，可惜均已被毁无存。

因远的佛教传入早于元代，至少是南诏末期或大理国初期，这与当时白族戍守军户的宗教信仰渊源很深。妙莲寺始建于元代，明朝天运和正德年间两次重修。自建寺以来，一直为佛教活动场所，其间，在清顺治、康熙年间，由于改朝换代，元江社会政局处于整饬时期，官府无暇顾及基础教育，原有学堂荒废，童子应试告停，直至雍正十三年（1735 年），元江知府开始复设因远义学馆，校址就在现妙莲寺内。民国时期（1913—1933 年），地方政府将该寺作为乡村小学使用，从民国开始，小学堂一律改称为学校，因远高等小学堂于 1913 年改为两级小学校。1949 年 8 月，定远乡（因远镇、安定镇合并）人民政府正式成立，按当时管理体制规定设置了因远镇中心小学。1985 年政府投资对妙莲寺进行大修后，作为因远中

心小学陈列展览馆。1998 年，妙莲寺被云南省政府公布为第五批省级文物保护单位；2007 年，由政府投资对其进行整体修缮。妙莲寺原寺宇有山门、前殿、中殿、后殿及东西配殿等建筑，而现仅存大殿及左边牌坊。

妙莲寺的周围松柏、乌柏、梧桐等古木参天，浓荫匝地，满眼都是整个枝条密密麻麻百朵簇生的紫荆花。大殿背靠古木葱郁的太平山，当清晨第一缕阳光照射到妙莲寺大殿青砖碧瓦上时，常常有许多毛色艳丽的小鸟从山间飞落殿顶，听婉转清脆的鸟啼和微风中万年青树千枝万叶碰擦出的淅淅沙沙的响声，会让人产生许多美妙的幻想。

妙莲寺如此完整地保存至今，这不仅仅是因为其牢固的建筑，而是得益于因远白族人民“农家子弟读书郎”的浓厚耕读文化氛围的长期熏习和呵护，得益于历朝历代尊师重道的有识之士特别是新中国成立以来各级政府的精心保护。

千百年来，由于各种因缘际会，妙莲寺时庙时校，亦佛亦教，能度能育，承载了度化众生和教育百姓的双重使命，佛法传播智慧，学校教授知识。妙莲寺，历史性地、不可逆转地、巧妙地、天衣无缝地将两者有机融合。妙莲寺，是传承因远白族耕读文化最灵动的载体，是开启因远白族人民崇

掩映在绿树丛中的妙莲寺

妙莲寺大殿抱头梁构

德尚道、尊师重教、求知开慧、从善如流、悲悯宽广的人文情怀最核心的硬件和最坚实的根基，是因远白族人民的文化之门、知识殿堂。因远文风有遗韵，朗朗书声听不尽！千百年来，妙莲寺是否出过高僧大德，无从考证。但因远学风浓厚、人才辈出，已是不争的事实。妙莲寺大殿作为元江境内目前年代最久、保存最好的古建筑，具有较高的历史、艺术价值。目前，妙莲寺正在由县文管部门申报列为国家级文物保护单位，以便把妙莲寺作为因远白族的一个文化亮点来保护和传承。

校有古刹，园中妙寺，元江白族文化的这朵奇葩，千百年来幽幽地散发着智慧的馨香和知识的芬芳。

追寻永历帝的踪迹

登临大明庵，俯瞰元江坝，遥想300年前风雨飘摇、国破家亡、动荡不安的大明时代，感受从帝王到黎民的众生百态……历史不能重演，但我们应当记住这段历史，透过曾经发生在元江这片土地上的历史烟云，感悟时代变迁、社会发展的一些因果和道理。

在元江县城南部10千米的天宝山上，有一个非常出名的名胜古迹——大明庵。大明庵之所以出名，是因为当年南明的末代皇帝——永历帝（朱由榔）被吴三桂率领的清兵追杀，在逃往缅甸途中绕道元江时，为避元江城中的酷暑，曾在此庵中住宿过，大明庵之名也因此而得（也称之为“大明安”，意即大明皇帝安身之处）。

大明庵所处的天宝山，山势独特，历史内涵丰富，自然风光迷人，加之人们赋予它许许多多的传说，更使大明庵变得神奇迷离。关于大明庵的传说很多，但在民间广为流传、最让百姓津津乐道的有这样几个。传说一：当年在天宝山上有一个发光物，每到夜间就会发出耀眼的光芒，人们把这个发光物称为“万年灯”，并认为这是上天赐予元江人的宝物，天宝山因此得名。据说此发光物曾被漫漾山头传教的洋人偷去过，但因万年灯在夜间发光发热，洋人无法抱住，一放手又飞回大明庵去了。传说二：大明庵的背后悬着一个巨石，石下有一个洞，当地人称之为“仙人洞”。据说此洞很神灵，元江城里的百姓无论是哪家办喜事、丧事，若需要借碗筷，只要头天晚上在火塘边一说需借碗筷的话，并说出所需借的碗筷数量，第二天早上早早地赶去洞边看，仙人洞口就会摆着所需要的碗筷。碗筷用完后，认真清洗干净并送回到洞口，自然就会收进去。但是，借碗筷有一条非常严格的戒律，那就是：碗筷绝不允许让狗舔着。有一次，有一家人借来了所需碗筷，在使用过程中不注意让狗舔了一下，结果，送回去的碗筷第二天全被砸碎在洞口，从此，人们再也借不到“仙人洞”的碗筷了。传说三：在大明庵的寺院中，当年挂着一把宝剑，据说这把剑是永历皇帝当年逃往缅甸经过元江时住在这里，因为有敌兵追来，走的时候太匆忙，所以就遗忘在这里了。一到夜间，这把宝剑就会闪闪发光，寒气逼人，令人毛骨悚然。

如今，大明庵早已荒废，威严肃穆、气势磅礴的寺院建筑已荡然无存，但遗址还在。尽管如此，因为是名山名寺所在地，还是常有一些旅游爱好者光临此胜地游览观光。来到遗址处，在古木蓊郁间，至今还可看到一片石块砌筑的三层台基上的残垣断壁，而且隐约可见数十间房子组成的建筑群。站在这个曾经名噪一时、声名远

大明庵所在地天宝山全景

播的古寺遗址面前，除了探寻传说中的宝地，人们更多的是想探究堂堂九五之尊的明朝末代皇帝为何会屈居偏僻之隅？由此，也就激发人们跨越时空去追寻其踪迹。

据史料记载，1644 年，清兵大举入关，明王朝大厦将倾，明神宗的孙子、桂王朱由榔在广东建立了南明政权，年号永历，继续领导明朝残余军事力量与清军周旋。1646 年，清军在四川镇压了张献忠的大西军，并攻陷广州，永历帝退守广西。张献忠的义子、大西军将领李定国打起了“复明抗清”的旗帜。1656 年，李定国在广东失败之后，身危不忘护主，率部到安隆，把软弱无力、历尽颠沛流离之苦的永历帝母子护送到云南昆明，安置在五华山行宫。李定国的善行义举，赢得了云南地方官吏和各族人民的理解、支持，永历帝当即诏封李定国为晋王。

清顺治十四年（1657 年）三路清兵会合攻滇，李定国也兵分三路防卫，并亲率东路军扼守黄草坝，结果三路都受挫。永历帝决意逃奔缅甸，为避开逃往滇西途中清兵的阻击，绕道过元江，忠义豪侠的元江傣族土知府那嵩与明朝末代皇帝永历就这样会面了。动乱之秋，君臣千里相逢，感慨万千，那嵩及其子那焘迎谒供奉甚谨。时逢元江天宝山佛院落成，那嵩父子将永历帝及其护驾随行人员接到佛院暂驻，以避县城炎瘴，并于佛院下约半里的坡台上临时建盖数十间茅屋作为护驾人员栖身之所。国家蒙难、社稷倾危、生灵涂炭，这对君臣无暇欣赏“眼望江城眼界空，满谷松荫起细风；前头河水自流东，更有清泉正蒙出”的美景。他们在寺中商讨对策，制定复国大计。那嵩向永历帝献计：“与其困死吴逆手下，不如统兵进入缅甸，以滇缅边区为根据地，重整旗鼓光复大明天下。”他又强调：“但愿皇上取此权宜之计，即使不能班师回京，也足以抗击清军进攻，鼎立南疆。”永历帝授予那嵩云南巡抚之职，授予其子那焘元江知府衔，授予其

永历帝驻跸地大明庵残留墙壁

其弟那仑、那崑将军武职。

不久，吴三桂的大军从石屏逼进，为逃避吴军追逼，君臣洒泪而别，那嵩请永历帝为寺院赐名，以作纪念。永历帝没有答应赐名请求，他说："大明的天下有了变故，满人（指清朝）来篡夺皇位，但愿哪天能将大明天下光复，天下万物都重新统属大明王朝。否则的话，国家都不存在了，寺院哪里还会存在？"永历帝离去后，那嵩遂将寺院取名为"大明庵"，以表抗清复明的决心。但那嵩这个忠义之臣，至死也不明白，为什么永历帝没有采纳他提出的"以滇缅边区为根据地，重整旗鼓光复大明天下"的建议，而却听信佞臣马吉翔等人的谗言，闻风丧胆，自乱阵脚，丢盔弃甲，赤手逃到缅甸去。事实上，此时李定国正在组织磨盘山战役，不久就在腾冲一带打败吴三桂等清军主力，稳定了滇西战线，永历不入缅也是安全的，但永历作为一国之君，惶惶如丧家之犬，他的入缅避难，给各

永历帝驻跸地大明庵遗留水池

地明军和致力复明的志士心中蒙上了阴影，对此后各路明军纷纷降清起了很大的催化作用。无军护驾的永历帝入缅甸后四面楚歌，携带的积蓄日久之后捉襟见肘，永历甚至不得不将黄金制造的国玺交群臣凿碎以分发度日，多数随行官员已毫无忧国忧君之念，过着苟且偷生的生活。1661 年，缅王发动“咒水之难”，袭击永历帝驻地，沐天波等大多数随行人员尽被杀害，永历帝被擒获。1662 年 3 月 12 日永历帝与眷属被清兵押抵昆明；4 月 25 日，永历帝在篦子坡被迫用白绫自缢而死，终年 40 岁，其眷属 25 人也遭弓弦勒死，其身亡处后改名为逼死坡。南明最后一帝从此烟消云散。

登临大明庵，俯瞰元江坝，遥想 300 年前风雨飘摇、国破家亡、动荡不安的大明时代，感受从帝王到黎民的众生百态。当年永历帝逃奔缅甸绕道元江的驻跸地天宝山佛院，历经 300 年风雨沧桑，遗址留有用石块砌筑的三层台基，护驾随从驻地在荆刺丛中隐约可见断垣残壁。寺院已不复存在，所幸一切自然景观依然如故，若能修复，将是元江一个避暑游览的好地方。

历史不能重演，我们今天无意对历史人物妄加评说，但我们应当记住这段历史，应该在大明庵遗址立上一个碑，锲刻上永历帝与元江的这段不解之缘，这是前人留下的无形资产，透过曾经发生在元江这片土地上风雨如磐的历史烟云，后人或许会从中悟出一些个人、国家、民族生死存亡的因果和道理。

青史留名的那嵩

那嵩是元江历史上赫赫有名的英雄人物，那嵩抗清的故事在元江可谓家喻户晓、老少皆知；那嵩父子率元江数万军民奋起抗击外敌入侵的义举，在元江历史上留下了浓墨重彩的一笔。

明朝时期，朝廷在西南地区（即今天的云、贵、川）任命了300多个土官，其中元江的那氏家族（傣族）是最为荣耀的一个。那氏土司先后多次到京城向明王朝进贡大象、马匹。作为朝廷命官，那氏世袭土官肩负着保疆安民的重任，带领军民开凿了元江历史上的第一件人工引水工程“夷仲渠”；驯养战象80余头，练兵5万余人；养马河畔放军马，训战象于曼章那；筑元江城池几千米；三征麓川，平缅、老之乱，远征八百媳妇国（泰国）……挥师中南半岛，所向披靡。最难能可贵的是创建“龙池书院”，购藏万卷经书，与丽江沐氏的“万卷楼”、顺宁（今凤庆）孟氏的“聚书楼”齐名，为后人所称道。

历史的进程不以人的意志为转移，17任那氏世袭土司200余年苦心经营的那氏王朝，最终于360年前明、清改朝换代的历史大剧中沉重地落幕了！

清顺治十六年(1659年)闰三月下旬，清军分路追剿南明军队，入滇后，大肆奸淫掳掠，引起了云南各族百姓的极大反感。元江土知府那嵩忠于明朝，极力主张联合抗清。明永历帝退往缅甸时，特命加升那嵩总督部院衔，巡抚云南；元江知府一职由其子那焘袭任，又加升那嵩之弟那仑为佐明将军、那崑为怀明将军。

清顺治十六年（1659年）夏，明朝永历皇帝取道元江，准备逃亡缅甸，由李定国负责在滇西境外接应，并授印信于那嵩为云南总督，联合李定国及其境外的缅军，形成犄角之势。清顺治十六年（1659年）秋，那嵩率领元江军民府广大军民与清军展开血战；同时，接受李定国的指令，暗中联络已降清的高应凤、朱养恩和石屏总兵许名臣、土司官龙赞扬，以及元江周边的各土司，“歃血钻刀”准备起事。此事被清军统帅吴三桂获知后，便急速上奏朝廷。清廷命令吴三桂与都督卓罗等于9月内行兵进剿。高应凤、许名臣杀了石屏知州，那嵩便趁机举兵反清。吴三桂亲自率部前来征讨，于9

那嵩、许名臣殉难处（莲花池）现已修建为漂亮的工人俱乐部

月21日从昆明出发，直奔石屏。那嵩遣朱养恩屯兵老武山，为其外援，设伏大竹箐，以待吴兵。石屏土官龙世荣知道那嵩之计，便引导吴三桂绕行别道至伏兵之后。10月9日，吴三桂至元江，兵锋甚盛，朱养恩不敢救援。那嵩乘夜出兵劫吴营，被击退。吴三桂下令掘壕，立木城围困元江，并又造浮桥遏其水路。直至11月4日，元江城仍没有攻下。吴三桂向城内射去一封信，劝诱城中军民活捉那嵩投降，否则，城破之日，将全城人都杀死。那嵩也向城外射去一封信，罗列吴三桂入关以来的罪状，而且还署其旧职衔，称为“山海关总兵吴三桂开拆”。吴三桂读后，恼羞成怒，用荷兰造的“红夷”大炮残酷轰击，挥军急攻，于11月6日将城攻破。吴兵争先进城，那嵩从北门急驰回到家中，与妻妾登楼举火自焚，其子那焘等至亲都各回自己的住室自焚，许名臣、许世勋等被杀。吴兵进城后，大肆屠杀，不少百姓死于非命，史书记载被屠杀的民众达10余万人。

那嵩、高应凤、许名臣等人在元江领导的抗清斗争由于孤立无援遂告失败。他们的反清斗争是在整个形势逆转、许多明军将领先后倒戈降清的情况下进行的，他们面对强敌奋勇拼搏至死不悔的斗争精神实在难能可贵。

那嵩直接率领元江军民府广大军民与清军进行了历时三个多月的血战，终因寡不敌众，弹尽粮绝，后无援兵，导致惨败。那嵩抗清的峰火泯灭在历史的烟尘中，透过典籍，穿越时空，还原那嵩土司在历史事件中一些鲜活的个人行为和处事细节，不难看出这位藏书万卷的“龙池书院”主人“性纯笃，任侠，重气节”的鲜明个性特质和受忠、孝、仁、义、信的儒家文化影响之深。

以那嵩为核心人物的“扶明抗清”、血染元江的悲壮民族斗争史，一直为后人所赞赏；那嵩父子的壮举英名，也为元江后人广为传扬。

那嵩抗清，客观上促成雍正年间清廷对元江、景东、镇沅等地的傣族土司实行改土归流。1659年，朝廷下旨，元江府改世袭

制为流官制，本地土著人不得担任行政长官，由朝廷委任流官。直到民国结束，元江知府、知州、知县、县丞等朝廷命官均为外籍人，元江从此由封建领主经济迈入封建地主经济时代。

回想那嵩抗清的惨烈过程，抚今追昔，那嵩抗清的悲壮史实和那氏家族的兴衰成败，我们今天依然可掂出沉甸甸的分量，这份历史的厚重感让我们平添一份责任意识。一个善于反思的民族，在朝代更迭和历史的发展进程中将变得更加成熟。

伫足江畔，看无边落木萧萧下，不尽江水滚滚来。元江的秋天，山河依然是那么壮美，习习的江风仿佛远远传来千军万马的厮杀声；那嵩知府文韬武略、知书识礼、忠肝义胆、英勇无畏的鲜活形象尽在眼前，那嵩父子和元江数万军民奋起抗清的一幕，永远在历史上留下了浓墨重彩的一笔。

元江那氏所建的“龙池书院”遗址

“咪哩王”的传奇人生

云南人把某地出现一个大人物，比拟为出了一朵“大鸡枞”。20 世纪 40 年代，元江本地就出过那么一朵“大鸡枞”，他，就是人称“咪哩王”的李和才。他是滇南哈尼族地区势力最大的民族上层人物，有关他的传奇故事很多……他是一位充满传奇色彩的杰出人物。

李和才于 1893 年 12 月 22 日出生在滇南一个十分贫寒的哈尼族苦工家庭，他和毛泽东主席是同年同月生。生他的时候，父母连一块破布也没有，就用一件蓑衣把他包裹起来，所以给他取名“撮喝喝柴”。“撮喝”，哈尼语的意思是“蓑衣”，“撮喝喝柴”译为汉语就是“用蓑衣包回来的孩子”。这个名字一直叫到 1927 年，当时的云南总督唐继尧在提升他为准尉排长时，觉得“李撮喝喝柴”这个名字不好听、拗口，于是就给他改了一个名字，去掉“撮喝”把“喝柴”改成谐音字“和才”，叫“李和才”，此后，一直就叫这个名字。9 岁那年，其父过世；11 岁时，其母失明，生活陷入了极其艰难的窘境。从此，母子二人过上了“行千里路，吃百家饭”的乞讨生活，尝尽了人间疾苦和辛酸。14 岁那年，母亲终因病饿交加，死于讨饭途中。

母亲过世后，李和才曾做过帮工，后又飘游浪荡了几年，还抢过赌场，蹲过“班房”，差点丢了性命。从牢里出来后，他觉得这样混下去没出路，就去当了兵。李和才确实是块当兵的料——由于他在一次掏蜂窝时被马蜂叮咬后，因饥寒交迫而落下的风湿病竟奇迹般治好了，原先骨瘦如柴的身子，逐渐长得粗壮起来，长成虎背熊腰、臂力过人的壮小伙。而且，李和才虽未读过书，但他智慧过人，有勇有谋，争强好胜，青少年时就爱当娃娃头，还当过村里的青年狩猎队队长。果然，当兵不久，他便在一次剿匪军事行动中，自告奋勇，假借投奔之名，混进匪窝，里应外合，击杀匪首，打掉了久攻不下的匪窝，一战成名。

由于李和才作战机灵、勇敢，立了不少功，赢得了上司的赏识，被破格选派到普洱军校训练班学习。到军校报到时，教官向他要介绍信，他谎称说介绍信在路上弄丢了，但他的介绍信和另外一名少尉排长是一样的。这样，李和才便被编进了军官训练班学习，要不然他是应该去士兵训练班学习的。

李和才故居一角

李和才与原边纵部队的部分老干部合影

军训班毕业后，李和才就正式当上了一名少尉军官，在思普边防大队当排长。

1934 年，普洱地区的勐先发生了大规模的匪乱，当时的云南省主席龙云下令驻防思普的部队派兵去镇压。李和才所属的思普边防大队参加了这次行动，并经过一番周密谋划，诱杀了匪首，将匪徒击败。之后，李和才奉上司命令去查抄匪首的山寨，可到了那里，有人捷足先登查抄了山寨，气得李和才直跺脚。他正要率队撤出山寨时，发现了藏匿在草丛里的一对母子，经审问得知这孤儿寡母正是土匪头子的妻儿。李和才本可将她带回去邀功的，可他动了恻隐之心，就叫士兵给了她们母子五块银元，让她们赶快逃跑。那匪首之妻被李和才的义举所感动，就把山寨隐藏金银财宝的位置告诉了李和才。李和才带领士兵去挖财宝，果然挖出了大堆银子，足有三四千两，还有藏在一座山背后的一百多头黄牛也被他们赶了回来。李和才分给那母子俩200块大洋，并把她们护送到了一个安全的地方。又拿出一部分钱给他的手下弟兄，其余钱财连带黄牛全部运回到元江咪哩村。李和才就这样发迹了，捞到了人生第一桶金。

1936年，李和才又遇到了一次大时运。当时赶马运货的滇南驿道上，土匪横行，滇南的盐运不出去，各地盐价猛涨。磨黑盐厂老板为了尽快把盐运出去，找到李和才商洽，提出由盐厂先预支大洋10万元，10年后连本带息一并还清，要求李和才买马、买枪，立即组建一支有武装押运的马帮来担任运盐的任务。在当时的滇南地区经济社会发展状况下，10万大洋，这可不是小数字。但李和才就是胆大，他敢作敢为，一口答应了下来，并离开了思普殖边独立营回到咪哩。有了这10万大洋做垫本，买马、买枪，组建了一支武装马帮，做起了盐巴生意，同时还做粮食、茶叶、红糖、土布和大烟生意。他的马帮运输的货物成年累月往返于磨黑、墨江、元江、峨山、玉溪、通海、建水、石屏、迤萨等地。到了1941年，李和才已经由一个要饭娃变成了富甲一方的大富豪。

有了钱之后，李和才就大规模购置田产，开垦荒地，拥有5000多亩良田，年收25万斤粮食。除此之外，他还有地跨绿春、红河、墨江、元江的大片烟地，年收2万两大烟。同时，他大兴土木，建造了元江最大的住房、家庙和石牌坊。房子分一号院、二号院。一号院有五个天井36间房；二号院为上下两个四合院，有40间房，均为两层砖木瓦顶四合院结构，雕梁画栋，前檐口雕有花坊，门窗雕有花鸟鱼虫。家庙为中西结合、占地1052平方米的建筑群，是李和才家人念经、烧香、拜佛、敬供祖宗之地。石牌坊为三开间，前有双狮，后有双象，上下重檐雕有石瓦、石斗拱龙凤图案，中间牌坊顶雕有李和才半身像。整座石牌坊雄伟壮观，是象征着富豪地位的标志性建筑。

李和才出席全国人民代表大会时在北京天安门广场留影

李和才成为滇南有名的巨富后，做了许多公益事业，如开办学校、捐资助学、修桥补路、禁止赌博、参加抗日救国活动等等。他乐善好施，对讨饭的穷苦人十分同情，凡是过年到他家乞讨的，每人发给半开20~40元，双目失明的乞讨者发给50元；平时到他家讨饭的，发给半开10~20元；他外出时在路上碰到讨饭的人，最少也会发给5元钱。当地群众都很感激他，称呼他是“阿波吉莫”（官老爷）。

李和才没有读过一天书，不知道算术为何物。但他为了管理好庞大的产业，自己创造了一套用苞谷粒运算的加、减、乘、除计算法，既实用又快捷，他用自己发明的这种计算方法把家产管理得头头是道、井井有条。

如果说是磨黑盐厂老板的10万大洋造就了李和才成为一方首富的话，那么，认识滇军名将张冲则使他的传奇人生登上了一个新的台阶。

国民党统治时期，那是一个“大鱼吃小鱼，小鱼吃虾米，虾米吃泥巴”的人吃人的社会。有了钱，有了枪，还得有政治靠山，否则，很难在当时的乱世中站稳脚跟。李和才是在当兵的时候通过其上司认识当时的滇军将领张冲的，当时张冲是滇军第二路军军长。李和才发迹后，曾经有一次遭人陷害被关进昆明的大牢，所幸被张冲救出，从此，他以张冲为救命恩人，投靠了张冲，当上了“第二路军指挥部骡马运输大队”上校大队长。他的骡马大队分五个中队，共500匹骡马，每队马帮都插上“第二路军指挥部骡马运输大队”旗号，头骡脖子上还系上大铃，行路时，用一对铓锣联络，一前一后，边走边敲，“铓一波”之声响彻几十千米，络绎不绝，很是威武壮观。由于李和才的名声大，一般小股响马，从不敢抢劫李和才的马帮。马帮是李和才最大的资本，当时他实际已成了云南的“马帮王”。

李和才传奇人生的巅峰，是他实现了从“咪哩王”到一个革命者的质的转变！从雄霸一方的“咪哩王”跨向一个革命者的一

步，是他传奇人生走向巅峰的极为重要的一步！1947年，中共云南省工委决定策动李和才参加革命，并派他的女儿李宣明（云南地下党的外围组织“民青”成员）回去劝其父参加革命。李和才起初犹豫不决，后来地下党的工作人员告诉他：他的救命恩人张冲也参加了共产党，还当上了某省人民政府的副主席。李和才这才大喜，坚定地说：“张冲参加了共产党，我也要跟共产党走！”并说：“我的全部家产和全部武装人员、武器、骡马都交给共产党。”就这样，李和才把全部家产都交给了共产党，并带领500余人枪的私人武装参加了革命。后来，云南边纵部队以他的武装为主要力量，组建成立了中国人民解放军滇桂黔边纵队第十支队护乡第一团（又称滇南人民护乡第一团），由李和才担任团长，征战滇南各地，为解放滇南乃至云南做出了重大贡献。

新中国成立后，李和才担任了石屏县的第一任县长、红河州州长、云南省民委主任、云南省政协副主席等重要职务。他积极搞好边疆民族团结工作，维护边疆稳定，始终不渝地跟共产党走，为云南省民族团结、边疆稳定做了不少工作，特别是在争取红河、金平等地民族上层人士回归祖国方面起

李和才与云南边疆少数民族妇女代表亲切交谈

到了重要作用，曾被毛泽东、周恩来、邓小平、刘伯承等老一辈国家领导人亲切接见和表扬鼓励。有一次，他坐火车去北京开会，受到毛主席、周总理的接见。总理说："李和才同志，来北京有什么体会？"李和才说："总理，共产党的火车真了不起，一路上，'民族团结，民族团结，共同纲领，共同纲领'喊个不停。"李和才的话逗得大家大笑。在"大跃进"年代，有一次，他参加视察，因为不是采用科学的方法炼铁，所以炼出来的铁都是些废铁，但参加视察的人没有一个敢言，而他却实话实说："啊呀，怎么炼出来的都是些铁屎？"于是，他就被下放了。"文化大革命"时期，以阶级斗争为纲，粮食产量上不去，肚子吃不饱，李和才就说："生产不搞，肚子吃不饱，干革命没力气！"结果，又遭受严重打击，被撤了职，下放到马场养马。尽管如此，他始终坚信党、拥护党，他说："整人的那些是假共产党，真的共产党是不会整人的。"

1985 年 7 月 29 日，咪哩寨子里的摩批（祭司）坐在烧得通红的火塘边，用苞谷酒润一下他那干裂的嘴唇，正在念诵李家家谱："提席利—利博必—博必无—无奴绕……和才"当念到李和才时，摩批忽然感觉一声炸响，便大声说："不好，不好，咪哩大山上的大树倒了，倒了……"

恰巧在这一天，活了 93 岁的李和才就如咪哩大山上的大树倒下了，人们再也看不到他了！但人们看见了一座大山，人们说：阿波李和才就是那座大山……

镌刻在热土地上的红色记忆

巍巍哀牢群山，滔滔元江巨浪，元江这片热土不仅养育着世代生息繁衍在这里的元江各族人民，也哺育了“云南人民自卫军”这支共产党领导的人民武装。在元江各族人民的积极拥护和大力支持下，这支革命队伍以元江为革命根据地，转战滇南，北上滇中，南下思普，浴血奋战，推翻了国民党反动派在滇南的统治，建立了人民政权，为解放滇南乃至解放云南立下了汗马功劳，为中国人民的解放事业做出了积极贡献。

许多来过元江或者听说过元江的人，知道元江的天气很热，也知道元江的水果很多，“长夏无冬”“四季花香”“天天有果”就是他们对元江的基本印象。可他们却不知道元江还是一个云南省有名的革命老区县，更不知道元江这块神奇的热土，还是滇南革命斗争的摇篮，拥有一段光辉的革命历史。尽管这段曾使元江人民引以为自豪的辉煌历史，逐渐被岁月和时代潮流所淹没，深深地埋进了那些曾经历了烽火岁月的老人们心里，但只要翻开元江的史书，这段尘封的历史就像一颗闪闪发光的宝石，发出耀眼的光芒，把那段鲜为人知的辉煌一页展现在世人面前……

其实，来到元江，除了感受太阳城的阳光和温度、享受美味果实、欣赏独特的亚热带风光、体味元江异样的激情之外，完全还可以来一个“重走长征路”似的“红色之旅”，

小柏木军政干部训练班旧址

重温发生在元江这块热土地上的一段光辉历史，亲身体验革命的艰辛与豪迈，感受时代的苍桑感给我们带来的一种久违的眷恋与心灵的洗涤，从而感恩于离我们已远去的一代英烈，学习他们那种坚忍不拔的奋斗精神和理想、信仰高于一切的献身精神。

由于元江地处滇中、滇南、思普三个地区的结合部，是联结三个地区的重要枢纽、咽喉和桥梁，具有重要战略地位。因此，在解放战争时期，元江成为滇南地区革命武装斗争的策源地、根据地和主战场，“小柏木军政干部训练班”“撮科起义”“朋程建军”“元江阻击战”等诸多革命历史事件对滇南乃至全云南的革命武装斗争产生了深刻影响，起到了极为重要的作用。元江各族人民在中国共产党的领导下积极开展了艰苦卓绝的革命武装斗争，谱写了一曲波澜壮阔的革命史诗，为云南人民的解放事业做出了积极的贡献。

因为元江是滇南革命武装斗争的根据地和主战场，所以发生在元江的重大革命历史事件自然也就很多，我们的“红色之旅”可以从了解其中一些重大革命事件入手，以时间为经、事件为纬，纵观

历史，横看事件，在追忆中大体了解元江光辉的革命斗争历史。

进行元江“红色之旅”的第一站，是去参观“小柏木军政干部训练班旧址”。

“小柏木军政干部训练班旧址”在元江县咪哩乡小柏木村，从县城出发，沿着国道213线向西南前行37千米即可到达小柏木村子。来到村子边，远远望去，在众多土掌房中间有一间瓦楼房如鹤立鸡群般傲然矗立其中，它就是在滇南革命武装斗争史上赫赫有名的“小柏木军政干部训练班旧址”。这是一幢二重檐瓦楼房，土木结构，有正房3间、厢房2间、下厅房3间，原为咪哩村民族上层人士李和才的私家粮仓，建成于1946年。站在这么一幢现在看来并不起眼的老房子前，听听前辈们讲述发生在房子内的故事，不禁让人感慨万千！这个小小的房子里原来还藏有这么深远的革命故事：1947年底，元江被确定为滇南武装斗争的发动点后，中共云南省工委和滇南地下党组织不断从各地派出大批共产党员和进步青年到元江，与元江县的革命工作者一道，积极发动群众，组织武装力量，开展统战工作，团结争取了当地民族上层人士李和才，并在李和才的支持和赞助下，于1948年3月在这里开办了军政干部训练班。训练班直属中共云南省工委和滇南工委领导，其学员多数为云南省工委从昆明派来的教师和学生，少部分是石屏、建水等地党组织派来的党员和进步青年，他们大多数为共产党员、“民青”成员和进步青年，也有少部分农民骨干。先后共有70余人参加了训练班培训，主要学习政治理论和军事知识。训练班学员在学习之余还深入到当地群众家中访贫问苦，同农民谈心，宣传革命道理，扩大共产党在群众中的影响，为开展革命活动和武装斗争打下了牢固的群众基础。培训结束后，这些学员大部分被派到元东北地区参加了“朋程建军”的工作，有一部分被派到元南地区和思普地区开展革命活动，还有少部分留在咪哩开展革命工作。小柏木军政干部训练班的成功举办，培养了一大批具有一定素质的政治、军事人才和革命干部，它不仅为发动革命武装斗争准备了骨干力量，还为推翻反动统治、建立人民政权提供了必要的政治思想保证和组织保证，为夺取滇南革命武装斗争的全面胜利打下了良好的干部基础，对推进滇南及云南的解放起到了积极的作用。

元江“红色之旅”的第二站，就是去参观“撮科起义”旧址，瞻仰“撮科起义”纪念碑。

“撮科起义”旧址位于元江县甘庄街道撮科村委会团山东麓，距元江县城 48 千米。撮科位于元江、新平、石屏三县接合部，是一个富饶美丽的小坝子。来到撮科坝，远远地就可看到一座纪念碑高高矗立在一个小山包上——那就是撮科起义纪念碑。纪念碑就建在当年发动撮科起义的团山村遗址上，这里依山傍水，满山翠绿，是一个环境优美、视野开阔、适于瞻仰的好地方。来到遗址处，放眼望去，前面是一马平川的撮科坝子，清澈见底的撮科河犹如一条小龙蜿蜒穿过小坝向前流去。遗址后面是一片郁郁葱葱的树林。由此可看出，当年元江地下县委将撮科起义的地点选在这里的主要原因就是便于撤进山里打游击战。看完起义的场景，再来看看纪念碑，那碑上的铭文清清楚楚地告诉我们当年发生在这里的战斗故事：1948 年 3 月，驻石屏的国民党中央军一个营突然从石屏开来进驻撮科小寨布防，并在此烧杀抢掠，无恶不作，人民群众恨之入骨。为此，中共元江地下县委根据中共云南省工委“以元江作为滇南武装斗争发动点”的指示，决定就此机会组织革命武装力量，联合当地开明士绅刘士纯的武装，举行武装起义。考虑到敌我力量悬殊、强硬进攻难以取胜，便决定用设宴请客的办法将敌军官灌醉后捆绑起来，用武力威胁敌军官下令缴械。1948 年 4 月 3 日下午，敌营长、副营长和两个连长带着两个卫兵大摇大摆地前来约定地点就餐。敌军官入席后，因我方一名突击队员未等到行动信号发出就提前开枪打死一名卫兵，迫使起义计划改变，战斗提前打响。驻扎

在小寨的敌人听到团山枪响后，立即向团山扑来。我方埋伏在路边的突击队员立即开火阻击敌人。战斗打得十分激烈，相持到天黑，共击毙敌人 37 人，击伤多人，缴获一批枪支弹药；而我方除一名擅自行动的突击队员牺牲外无一伤亡，取得了战斗胜利。起义后，为了保全力量，起义部队趁天黑撤入村子后面的密林之中。撮科起义，打响了滇南革命武装斗争的第一枪，揭开了滇南革命武装斗争的序幕！它鼓舞了滇南各族人民反对国民党反动统治的斗争意志，为彻底推翻国民党的反动统治、使革命战争最终获得胜利起到了极其重要的推动作用。

撮科起义后，原团山村子被敌人焚毁，村民搬迁到了撮科大寨。为了有效保护好撮科起义遗址，纪念这一具有重大历史意义的革命事件，元江县人民政府于 1997 年 4 月在原村

撮科起义旧址

址处建立了一座纪念碑。该纪念碑建成以来，每年都有许多县内外游客到此参观、瞻仰，已成为开展爱国主义教育的最佳场所。

元江“红色之旅”的第三站，是参观中共滇南工委成立地旧址和云南人民自卫军建军旧址，瞻仰“朋程建军纪念碑”。

上述革命遗址和纪念碑都是在元江县甘庄街道办事处朋程村委会朋程村，距元江县城 27 千米。中共滇南工委成立地旧址，其房舍原为国民党乡公所驻地，是一幢三坊一照壁三合院落，土木结构瓦楼房。因风吹雨淋、年久失修，原旧址房屋已被毁坏，但从残留的房屋遗迹中，依然能够想象出当时发生在其中的激动人心的历史画面：1948 年 4 月撮科起义后，中共元江地下县委书记范嘉乐带着撮科起义武装，离开撮科，在朋程一带开展革命活动，推翻了国民党的基层政权。1948 年 7 月，为适应迅速发展的革命形势，统一领导滇南地区的武装斗争，中共云南省工委就在这个小小的房间里组建成立了中共滇南工作委员会，它所领导的地区包括今红河州、普洱市和西双版纳州等滇南的广大地区。这一领导机构的成

中共滇南工委成立地朋程村

立，为滇南革命武装斗争取得胜利提供了可靠的组织保障，它领导滇南人民与国民党反动政府英勇斗争，为解放云南做出了重大贡献！

“云南人民自卫军朋程建军纪念碑”位于朋程村旁边距村子约200米的一块小草坪处，这里是当年云南人民自卫军召开成立大会的地方。纪念碑占地面积370.02平方米，旁边有一块720平方米的停车场，每年都有许多县内外游客到此参观、瞻仰，开展爱国主义教育活动。纪念碑的碑文中详细记述了云南人民自卫军成立的整个过程：撮科起义后，滇南地下党所掌握的各地秘密武装都集中到元江东北部，与范嘉乐、方金城领导的起义武装会合。1948年7月，中共滇南工委根据中共云南省工委的指示，决定将集结在元东北地区的革命武装力量正式组建为“云南人民自卫军”（后发展成为滇桂黔边纵队第九、第十支队），并于7月25日在此地召开了建军大会。自卫军下设一个支队和一个地方中队，支队共有150余人枪；地方中队由元江地下县委书记范嘉乐领导，共有50余人枪。云南人民自卫军的建立，为建立滇南革命根据地提供了可靠保障，这支由中国共产党领导的滇南第一支人民武装，在解放战争中英勇杀敌，功勋卓著，光耀千秋，对滇南革命斗争最终取得胜利及云南的和平解放起到了不可磨灭的积极作用！

元江“红色之旅”的第四站，是去参观滇南革命武装斗争史上有名的一场战斗——猪街伏击战遗址。

该遗址位于元江县那诺乡猪街村委会水井村和营盘村北边山林间，战场遗址地处丘陵地带，在战场核心地带建有一个标志性纪念牌坊，详细记述了猪街伏击战的战斗经过：云南人民自卫军在1948年8月20日连夜奔袭洼垤并取得了自卫军成立以来的首战胜利之后，乘胜向元江南部地区进军，以便扩充部队，巩固元江南部地区的统一战线。此时，国民

中国大陆最后一战——元江阻击战战场遗址一角

党云南省政府接到自卫军袭击洼垤的报告后，急派国民党新平专员公署保安副司令陈宇铭和新平专员公署视察员王力健率保安独立大队150余人来元江追击自卫军。自卫军闻迅后，利用有利地形，在猪街镇政府所在地与猪街赶集场（草坪街）之间的山林地带设下了埋伏。9月14日，当国民党保安独立大队全部进入伏击圈后，自卫军从前后左右密集交叉向敌人猛烈射击。经过1小时的激战之后，敌人全部缴枪投降，活捉了保安副司令陈宇铭和视察员王力健；共计缴获轻机枪12挺，长、短枪100余支，子弹1.6万余发，还有一些军用物资，大获全胜。这就是滇南革命武装斗争史上有名的猪街伏击战。猪街伏击战的辉煌胜利，壮大了自卫军的声威，改善了自卫军的装备，震惊了国民党政府和军队，鼓舞了滇南各族人民打倒反动派、翻身求解放的斗志，为自卫军的发展壮大打下了坚实的基础。

元江“红色之旅”的第五站，是去参观“云南人民自卫军因远

整编旧址”。

该旧址位于元江县因远镇政府内，距元江县城约40千米，原系当地一座庙，现存正房、左厢房两个房间，占地面积269平方米。看着这么小的一间房子，很难想象出，这里曾经是指挥千军万马的首脑中心，在云南人民军队建设史上具有划时代意义的军队整编工作就是从这里开始的：1949年1月至2月，按照中共云南省工委和滇南工委的指示，云南人民自卫军七个支队先后到达元江县因远坝，在这里进行了全面的整训、整编。在整训中，召开了党员干部会议，全面总结了自卫军建军以来的经验教训，分析了自卫军面临的形势，着重阐述了在新形势下建立革命根据地的重要性。同时，还开展了军事训练，提高部队素质。整训之后，将部队番号改为“云南人民讨蒋自卫军第二纵队”，并召开了庆祝大会。因远整编后，云南人民自卫军分两路向车（里）、佛（海）、南（峤）进军，去开辟新根据地。这支由共产党领导的人民武装，自成立以来，在滇南这片广袤的土地上浴血奋战，不断为人民建功立业，其足迹东抵滇越铁路，北至滇池之滨，西达哀牢山、无量山广大山区，南近国境一线。到1949年底，共计解放20余县并建立了人民政权，使滇中、滇南、思普三块革命根据地连成一片。在解放军野战部队入滇追歼国民党军残部的滇南战役中，配合野战部队，从元江东岸直到澜沧江畔，尽歼国民党残部3万余人，把红旗插到了祖国南疆的边境线上。元江的山水哺育了这支部队，它不仅为元江人民求得了解放，还为滇南和整个云南的解放立下了汗马功劳，这是元江各族人民的光荣与骄傲。

元江“红色之旅”的第六站，是去参观“中国大陆最后一战——元江阻击战”遗址、瞻仰云南人民自卫军元江建军纪念碑。

“中国大陆最后一战”遗址位于元江县城北部7千米的元

江铁索桥附近，主战场主要分布于元江铁索桥及其附近二塘山、红土坡和玉台山一带，分布面积约 5 平方千米。其南岸遗址所在山坡现已被开发为“世界第一高桥旅游风景区”，以观桥、红色旅游等为主要经营项目。站在景区观景台上，可以远看恢宏、沧桑的古战场面貌，近观战壕等战场遗迹，战壕边立有一块上书“中国大陆最后一战——元江阻击战遗址”的标志性景观石。站在此处，不禁会使人思绪万千、浮想联篇，当年千军万马在战场上厮杀的动魄场面，就像放电影一样，浮现在脑海里：1950 年 1 月下旬，国民党中央军第 8 军、第 26 军残余部队在国民党陆军副总司令汤尧及第 8 军军长曹天戈的指挥下，从建水、石屏向元江逃窜，企图经元江往思普地区逃向国外。中国人民解放军第二野战军第四兵团陈赓司令员命令解放军从各地迅速奔赴滇南，追击逃敌。中共元江县委和元江县临时人民政府根据中共滇南地委的指示，积极组织力量，配合解放军阻击敌人。1950 年 1 月 21 日，国民党军 170 师师长孙进贤率领先头部队到达元江铁索桥后，用密集的炮火掩护其部队抢渡铁索桥，我守桥部队进行了英勇的阻击，但因众寡悬殊，铁索桥失守，一个排的守桥官兵全部壮烈牺牲。孙进贤率 3000 余人过桥后，因害怕解放军追击，不顾其后方部队，炸毁铁索桥，匆忙向西逃窜（2 月 7 日在镇沅被解放军歼灭）。1 月 22 日，汤尧、曹天戈率其大部队到达元江东岸后，因铁索桥被炸毁，无法过江，只好率部向红土坡、二塘山、玉台寺一带逃窜。1 月 23 日解放军野战部队到达元江东岸，在边纵部队和地方武装的配合下，向国民党军队发起了全面进攻。经过 3 昼夜的激烈战斗，敌军全部被歼灭，共毙敌 3000 余人，俘敌 1 万余人，活捉了国民党陆军副总司令汤尧及第 8 军军长曹天戈、参谋长杨也可等高级将领，取得了重大胜利。这就是云南解放战争史上有名的、被称为“中国大陆最后一战”的元江阻击战。这一战斗的胜利，宣告了国民党军队在中国大陆已被彻底消灭，国民党反动派已彻底垮台，中国历史进入了一个崭新的历史时期！

气势恢宏的云南人民自卫军元江建军纪念碑

看完“中国大陆最后一战”遗址后，就可以回到元江县城，去瞻仰一下气势恢宏、令人肃然起敬的云南人民自卫军元江建军纪念碑。该纪念碑是元江县人民政府为饮水思源、不忘历史、昭示后人而设立的。纪念碑位于元江县城新区元磨高速公路联络线与文化路延长线交会处，占地6亩（4000平方米）。整个纪念碑以主体雕塑为中心，主要表现人民军队、元江和滇南各族人民团结在中国共产党的旗帜下，拿起武器，吹响号角，不屈不挠，前赴后继，为元江、滇南、云南乃至全国大陆的解放而英勇战斗的场景。主体雕塑置于7米×4米×4米的碑座上，高8米，碑座与主体雕塑总高12米。碑座正面及背面为大型汉白玉浮雕，表现元江革命过程中的历次重大革命事件、战斗场景以及军民团结、鱼水情深的场景。左侧和右侧为纪念铭文。瞻仰平台第一层直径为40

米，既起到烘托主体雕塑的作用，又便于游人观赏。第二层平台直径为19米，碑座高4米，主体雕塑高8米，正面汉白玉浮雕长7米，高2.5米，几个外形尺寸分别为1948、7、25，意示建军时间“1948年7月25日”。主体雕塑后有2个圆形小广场，代表“二纵”，其中一个圆形小广场装有9盏庭园灯，代表“9支队”；另一个装有10盏庭园灯，代表“10支队”。正圆形的瞻仰平台，象征着先辈们以热血和生命，换来了革命事业的圆满成功；常青的树木，象征着先辈们的业绩万古长青、与世长存；盛开的鲜花，预示着元江的今天和明天，繁花似锦、欣欣向荣。

从“红色之旅”追溯元江的革命斗争历程可以看出：滇南地区的革命武装斗争是从元江开头的——滇南的大批革命干部从元江培训出来；滇南的第一支人民武装在元江建立；滇南革命武装斗争的第一枪在元江打响！元江成为开展滇南革命斗争的根据地，滇南革

云南人民自卫军因远整编旧址

命武装斗争的熊熊烈火从元江蔓延到滇南各地，并最终摧毁了国民党在滇南的反动统治，建立了人民政权，使滇南人民获得了彻底解放。由此而言，称元江为“滇南革命斗争的摇篮”，实不为过。

在这场伟大的革命斗争中，元江县的党组织依靠元江和滇南广大人民群众的大力支持，依靠一支以元江各少数民族子弟为骨干组成的人民武装，在滇南及思普地区进行了艰苦卓绝的革命武装斗争，为滇南和云南人民的解放事业谱写了壮丽篇章。在那血雨腥风的艰苦岁月里，元江各族人民经受了血与火的严峻考验，在极其艰苦的条件下，始终给予党和人民军队巨大的物资支持，表现出了非凡的革命毅力和无私的奉献精神，付出了重大的牺牲和巨大的代价，为滇南及云南人民的解放事业做出了重大贡献。革命前辈们为革命献身的精神将永远铭刻在人民心中，他们的壮烈事迹将同元江光辉的革命历史一道，彪炳千古、永载史册！

后　记

为了将丰富多彩的玉溪文化呈现给读者，玉溪市委决定编写一套全面反映玉溪文化的高品位、全景式、权威性文化读物——“文化玉溪”丛书，并将编写任务下达到全市各县区。作为“文化玉溪”系列丛书之一的《文化玉溪·元江》卷也就由此横空出世、应运而生。此书在元江县委、县政府的高度重视下，于2013年10月即开展筹备工作，安排必要的工作经费，制订周密的编撰工作方案，从全县各有关部门抽调得力人员组成编写班子，精心拟定编撰主题，认真草拟编撰提纲。2014年1月，《文化玉溪·元江》编撰提纲经“文化玉溪”编委会审核通过。2014年2月，召开了由编辑人员和撰稿人员参加的《文化玉溪·元江》编写工作会议，正式启动《文化玉溪·元江》一书的编写工作。

编撰出版《文化玉溪·元江》的主要目的，是为了向外界宣传元江、推介元江，把元江独具特色的自然、人文景观和丰富多彩的民族文化用图文并茂的形式展现给外界，让外界人士很好地认识元江、了解元江。编写这样的一本书，是一件十分必要而且具有重大意义的事情。作为本书的编写班子成员，我们在领受编撰工作任务时，既喜又忧：喜的是巧逢机遇，能够参与这史无前例的重大图书编写工作，可为元江文化事业发展和对外宣传元江尽一份力量，感到很荣幸；忧的是元江的文化源远流长，内涵丰富，绝非几个人或个人或一本书所能书写完，所以在兴奋之余又多了一种惶恐，生怕编写不好此书，有负众望。为确保编写工作任务圆满完成，编委会动用了大量的人力、物力，编辑班子和撰稿队伍可谓群英荟萃，几乎聚集了元江文学和摄影爱好者中的高人、能人，人员所在单位涉及各行各业、各个部门。这些人员都是在完成本职工作的同时，利用业余时间和节假日，怀着对家乡的真挚感情，饱含深情地倾情撰写。他们每一个人都把这次写作当作是为家乡发展和为文化事业尽力添彩的一项光荣使命，所以在创作过程中，每个文稿作者和摄影作者都十分尽心尽力，辛苦劳作，不敢有丝毫懈怠，都不想因为自己出力不到位而使灿烂辉煌的元江文化减少光彩。不仅作者如此，编辑人员也照样倾心尽力，辛勤工作，他们不但要做好谋篇布局、拟定提纲、确定主题等前期工作，还得做好撰稿中的指导、督促、检查工作及后期大量的文稿编辑、修改工作。由于本书有特别的文体、文风要求，而许多作者又是放弃自己熟悉的文体而采用新文体来撰写文稿的，因此，文稿中普遍存在文体文风不统一、表达方式不一样等诸多问题，这就得编辑们劳心劳智、伤筋费神，加班加点地反复修改、完善，力求风格统一、文体一致，最终达到出书要求。

元江历史悠久，物产丰富，民族众多，文化灿烂，自古以来就是红河流域的一块宝地。神奇的红河水系和壮美的哀牢山脉，禀赋了元江典型的干热河谷气候和得天独厚的自然资源，造就了一个神奇美丽的“太阳城”。

这里，四季鲜果不断，日夜花果飘香。在这片神奇的土地上，山之峻、水之灵与醇厚、浓郁的民族风情交融生辉、天人合一，共同构成了一幅风光秀丽、充满民族文化神韵的五彩画卷。将这幅优美的画卷尽情展现给读者，就是编撰《文化玉溪·元江》之初衷。

《文化玉溪·元江》的文化定位是："太阳城""花果园""罗槃国"。全书文稿内容主要围绕"红河谷中太阳城""彩云之南花果园""哈尼故里罗槃国"三大文化名片来撰写，并根据三大名片所包含的深刻文化内涵来确定篇目结构及文章主题，围绕主题，分篇章、分类别，设篇定目，分块记述。各条块内容在大统一、大协调的框架结构下，突出特色，巧立题目，以文抒情，以情表文。体裁主要以散文为主，注重文采，兼顾内容，以飞扬的文采讲述元江悠久的文化历史、奇特的自然景观、独特的人文地理、丰富多彩的民族文化、独具一格的风土民情、颇具特色的风味特产。全书设"太阳厚爱的地方""花果飘香的田园""民族风情的王国""永不消失的记忆"4个篇章，共39篇文章，11万余字，随文附有200余幅图片，图文并茂，尽展精彩于图文之中，可让读者在旖旎醉人的自然风光、独特迷人的人文景观、绚丽多彩的民族文化和悠远深厚的历史积淀中，欣喜地认识元江、感知元江、领略元江。

参与编写《文化玉溪·元江》的文稿作者、摄影作者和编辑人员多达30余人，他们为编撰本书花费了大量的时间和精力，付出了艰辛的劳动和汗水。在本书编撰过程中，得到了县委、县政府领导的极大关怀，为编委会提供了编撰工作所需的经费等必要条件，并切实帮助解决编撰工作中遇到的困难，使各项编撰工作得以顺利进行并圆满完成；同时，还得到了玉溪市委宣传部、"文化玉溪"编委会及云南出版集团有关领导和专家们的精心指导。在此，对所有参与编撰工作的人员及关心、帮助本书编撰工作的各位领导和专家们表示诚挚的谢意！

一本书的编撰出版，说起来容易，做起来却十分不易。《文化玉溪·元江》一书的编撰工作历时近一年，召开了多次的编委会议、撰稿会议、编辑会议和审稿会议，数易其稿，仅一个编撰提纲就修改了三、四次，书稿更是进行了无数次的修改、完善，几经反复，最终才定稿交出版社出版发行，其工作的艰辛、劳累只有参加编撰工作的同志才能深刻体会到。尽管编者付出了如此艰辛的努力，但本书还是有一些不尽如人意的地方：一则由于历史文化博大精深，文化内容丰富多彩，我们选录入书的内容仅仅是浩瀚的元江文化当中之一小部分，可谓冰山一角、凤毛鳞角，不可能全面反映元江灿烂的历史文化；二则由于本书文稿是由众多作者撰写的，风格不可能完全统一，虽然编辑人员在统稿、编辑过程中尽力进行了修改，力求协调、统一，但毕竟每一位作者的知识、水平、阅历和表达方式不一样，很难做到完全一致，只好求大同存小异；三则由于本书是一部反映地方文化历史的书籍，有些历史性的文化内容只能注重史实的准确性，不可能用太飞扬的文采去表述，所以书中有些文稿的“文化散文”特征不是太浓。但不管怎么说，本书是元江文化历史上的首部高品位、全景式、权威性文化读物，所谓瑕不掩瑜，其价值和意义读者看后便知。

作为元江的文化人，我们很想把多姿多彩的元江文化全面地、完整地呈现给读者，但由于编撰人员都为兼职承担编撰工作，工作繁重、时间仓促，加之作者和编者水平、能力有限，书中疏漏和不足之处在所难免，敬请读者谅解并指正。

《文化玉溪·元江》编委会

2014 年 10 月